コピーして使える 小・中学校の

授業を高める学校図書館活用法

渡辺暢恵 著

黎明書房

は じ め に

　2014年の学校図書館法改正により学校司書の配置が明記されて以来，全国の学校図書館は，さらに環境が整えられ，その活用も盛んになってきました。2017年に公示された学習指導要領には，これまで以上に学校図書館の重要性が盛り込まれています。総則の解説には，学校図書館を読書センター，学習センター，情報センターとして授業で活用していくことが書かれています。

　本書は，授業をされる全ての先生方，支える学校司書，学校全体の学校図書館の活用を進める立場の司書教諭，そして校長先生，教育委員会，公共図書館関係者にも読んでいただきたいと考えて書きました。特に，司書教諭は自身が学校図書館を活用した授業を行い，校内にアピールしてください。学校司書は，先生方に，本書の指導例を紹介して「こんな授業をしてみませんか？本の準備をしますし，授業中もお手伝いしますよ」と言ってみてください。

　本書で参考にさせていただいた，学校図書館を活用した優れた授業が行われている学校では，必ず，意欲的な学校司書が活躍されていました。必要な本を集めて，授業では先生をサポートして子どもたちに声をかけ，あるいは，先生のねらいに沿ったブックトークをしています（p.85，90参照）。このような学校司書は，授業の方法について次第に詳しくなりますので，他の先生にもその情報を提供して，また，次の授業につなげています。本書で授業例を参考にさせていただいた学校では「学校司書がいなければ，この授業はできなかった」という言葉を何度も聞きました。

　なお，ここで学校図書館を活用する授業というのは，必要に応じて教室に本を持っていって学習することも含んでいます。学校図書館を使えるときには，ぜひ，学校図書館で授業をしてください。子どもたちが学校図書館の本の配置を覚え，新しい本を手に取り，設けられた本の展示を見て，自然に本に親しんでいくことができます。

　学校司書の名称については，自治体によって異なりますが，本書では学校司書に統一します。

　2020年，本書の原稿執筆を進める時期と並行してコロナウイルスの感染は広がり，小・中学校は長い休校を余儀なくされました。その分を埋め合わせるために短かくなった夏休みが終了し，2学期が始まりました。今やコロナウイルスと折り合いをつけていく時代がスタートしたと言えましょう。感染が広まりだしたときは困惑しているばかりでしたが，次第に，消毒，ソーシャルディスタンス，オンライン授業という言葉も耳に馴染んできました。そこで，**コロナウイルス対策を講じた学校図書館運営と，本やインターネットを活用したオンライン授業**についても追加することとしました。

本 書 の 構 成

　本書は，5つの章で構成しました。

　第1章は，小学校1年生から6年生までの学校図書館を活用した授業例です。各学年，読書の授業と，探究的な学習の授業を1例ずつ紹介しています。

　第2章は，中学校の全教科での学校図書館を活用した授業を2例ずつ紹介しています。特に中学校の先生方，学校司書から「学校図書館を各教科でどのように活用するか知りたい」というご要望が寄せられるので，先進的な実践をされている中学校の先生方に提供していただいた事例を参考にさせていただきました。

　第3章は，第1章，第2章で紹介した授業の中で，実際に児童生徒に話すとき，どのように言えば伝わるか，これまでの実践を踏まえてシナリオにしました。ワークシートも一部掲載しました。第1章，第2章の指導案に，どのページにシナリオが出ているか書いてあります。一字一句，暗記して話していただく必要はありませんが，このように話せばわかる，という参考にしてください。これまでの積み重ねやその時々の児童生徒の様子によって，アレンジしてください。

　第4章は，学校図書館を授業で活用するための基礎知識を10項目挙げました。日本十進分類法の知識，絵本の読み聞かせの仕方，ブックトークの方法，ビブリオバトルや読書会の進め方，探究的な学習の進め方，新聞の活用方法は，実際に児童生徒に対して行う指導に関連しています。学校図書館を全校で活用するためには，司書教諭と学校司書が協力して「職員向け図書館だより」を出していただきたいので，その例と留意点を書きました。また，学校図書館での授業は収拾がつかなくなりそうで自信がないという先生，及び支援する司書教諭と学校司書のために，必ず成功する学校図書館での授業のポイントを紹介しました。

　第5章は，学校図書館の活用を推進するためには，校内，市内で協力していく必要がありますので，組織的な取り組みができるように，司書教諭，学校司書，校長先生，公共図書館，教育委員会，それぞれの役割と連携方法について書きました。

　第1章と第2章は，見開きで1実践がわかるようにしました。忙しい先生方が，全ての授業で指導案を書いておくことは不可能です。そのページを開いて，あるいはコピーして授業中に教卓に広げて，進めていただいてもいいかと思います。司書教諭，学校司書は，学校図書館に関心を持っている先生に，必要なページをコピーし，特に伝えたい箇所にはマーカーで印をつけて渡してください。そこから，学校図書館を活用する授業がスタートします。

　本，インターネットを活用したZOOMなどでのオンライン授業については，筆者が大学の司書教諭科目で実施したオンラインでのブックトークの授業，読書会を紹介しました。教師対学生全員の一斉指導だけではなく，グループに分かれて話し合う方法も取り入れました。今後の小・中学校でのオンライン授業の参考にしていただけましたら幸いです。

目　　次

第3章 授業でそのまま話せる 学校図書館活用ガイドのシナリオ＆ワークシート …… 79

第4章 学校図書館を授業で活用するための基礎知識 …… 93

学校図書館のコロナウイルス対策

　2020年のコロナウイルスの蔓延により，学校は一時休校となり，その後，コロナウイルス対策を講じての学校再開となりました。学校図書館はどのような対策をとったらよいのでしょうか？　各自治体では，教育委員会が指針を出していますので，まずはそれを確かめてください。

１．来館者数の制限とソーシャルディスタンスの確保
　学校図書館を利用できる時間（授業中，昼休み，放課後），割り当て学級を決めて，一度に多くの来館者が入らないように配慮します。各学級，一度に全員が行くと混み合うので，分散してください。貸し出し返却カウンター前には，床に1メートルおきにビニールテープを貼るなど，工夫してソーシャルディスタンスを確保しましょう。入口専用，出口専用の流れを作り，一方通行で混み合わないようにすることも有効です。閲覧する席は，向かい合わせに座らないように，椅子の数を減らして片面だけに置くなど工夫してください。状況によっては，カウンターで対面での貸し出し返却手続きが行われないように，返却する本を指定した場所に置くようにします。あるいは，アクリルボードなどを置きます。

２．個々の心がけ，換気，消毒
　入館前後には，手を洗い消毒をすること，マスクを着用し，大声で話し合ったりしないように心がけさせます。室内の温度を調整しつつ，換気を一定時間ごとに行い，児童生徒が触れた場所はこまめに消毒液で拭いてください。
　返却された本は，一定時間，貸し出さずに置いておきます。ウイルス死滅時間は，ボール紙は24時間，プラスチックは72時間と言われています。コーティングされていない本は1日保管，ビニールコーティングされている本は3日保管，ということになります。コーティングされている本については，消毒液を付けた紙等で拭くことも考えられます。

【参考資料】
・文部科学省「学校における新型コロナウイルス感染症に関する衛生管理マニュアル～『学校の新しい生活様式』～」（2020.9.3Ver.4）
　https://www.mext.go.jp/content/20200806-mxt_kouhou01-000004520_3.pdf（参照 2020.11.15）
・日本図書館協会「図書館における新型コロナウイルス感染拡大予防ガイドライン」（参照 2020.5.14）
　http://www.jla.or.jp/Portals/0/data/content/information/corona0520.pdf（参照 2020.11.15）
・全国学校図書館協議会「新型コロナウイルス感染症拡大防止対策下における学校図書館の活動ガイドライン」（参照 2020.9.9）
　https://www.j-sla.or.jp/pdfs/sla-guideline20200619.pdf（参照 2020.11.15）

第1章

小学校・全学年
学校図書館を活用した授業

◎**本章では，**……

　小学校全学年の学校図書館を活用した授業を
2 例ずつ紹介しています。

　読書指導のパターンと，探究的な学習の指導
のパターンが 1 例ずつです。

1 （1年生） さいごまで　なかよく　よもう （1時間扱い）

場所：学校図書館　　　T1：学級担任　　　T2：学校司書

めあて　1冊の絵本を二人で協力して，最後まで読むことができる。

●**準　備**　絵本『ねずみくんのチョッキ』，入門期に読める本（人数分以上。1学期なら『ねずみくんのチョッキ』のシリーズ），ワークシート

●**授業の流れ**

時　配	児　童　の　活　動	支　　援	備　考
15分	1. 本時のめあてを知る。	1. 本時のめあてを伝える。（T1）	読み聞かせ
	2. 楽しく読み聞かせを聴く。	2.『ねずみくんのチョッキ』の読み聞かせをする。（T1）	（p.95～97参照）
	3. 他のねずみくんの本に関心を持つ。	3. 簡単に他の本の説明をする。（T2）	
20分	4. 二人で1冊の本を読む方法を理解する。	4. これから二人で仲良く1冊の本を最後まで読むことを伝える。（T1）	
		・二人で小さな声でそろって読む。	
		・二人で，交代で読む。	
		・一人が全部読んで，一人が聴く。	
	5. 二人で1冊の本を選んで，読み方を相談して，最後まで読む。	5. 二人組のどちらか一人に本を取りに行かせ，一緒に読ませる。（T1）（T2）	人数分以上の本
		・2冊目は，もう一人が選びに行く。	指導例（p.82参照）
		・次の本を選ぶように，声かけする。	
	6. 本時をふりかえる。	6. まとめの話をする。（T1）	
10分	7. 好きな本を選んで借りる。	7. 本の貸し出し手続きをする。（T2）	

●**評　価**

・読み聞かせを楽しく聴くことができたか。

・二人で1冊，最後まで音読することができたか。

●**授業のポイント**

・2学期以降は，『おさるはおさる』のような，読みやすい本のシリーズを読ませる。

・2学期以降は，**ワークシート**に，書名とお話の場面の絵と，絵の説明をかかせる。

●**学校図書館を活用した授業の効果**

・読んでみたい本の貸し出しの時間を，授業内でとることができる。

◆ワークシート

よんだ　本

おはなしの　え

えの　せつめい

なまえ　[　　　　　　　　　　　　　]

2

〔1年生〕 のりものを　しらべよう （2時間扱い）

場所：教室　　T1：学級担任　　T2：学校司書

めあて のりもののつくりについて，「ですから」を使って調べたことを表現できる。

●**準　備** 絵本『はたらきもののじょせつしゃ　けいてぃー』，乗り物の本（人数分以上。小学校1年生に読めるふりがなのついている本），ワークシート

●**授業の流れ**

時　配	児　童　の　活　動	支　援	備　考
1時間目 15分	1. 本時のめあてを知る。 2. 読み聞かせを聴く。	1. 本時のめあてを伝える。（T1） 2.『はたらきもののじょせつしゃ　けいてぃー』の読み聞かせをする。（T2）	読み聞かせ （p.95〜97参照）
10分	3.『はたらきもののじょせつしゃ　けいてぃー』を例に「ですから」の使い方を考える。	3. 教科書の文章をふりかえり，「ですから」を使って説明する文章を考えさせる。 （T1） ・「じょせつしゃは，ゆきをかきのけます。『ですから』じょせつきをつけています。」と板書する。（T1）	
20分	4. 他の乗り物では，どのように「ですから」を使うのか理解する。 5. 乗り物の本を読んで，説明に使いたい本を選ぶ。 6. 自分の国語のノートに乗り物の説明を書く。	4. 他の乗り物を例に，本の絵を見せながら，「ですから」という言い方を全員で考え，声に出して練習をさせる。（T1） 5. 集めてある乗り物の本を読んで，どの乗り物を説明したいか考えさせる。 （T1）（T2） 6. 乗り物の本を見ながら，「ですから」を使って説明できるように，国語のノートに書かせる。（T1） ・全員が書けるように，遅れがちな児童には書き方をアドバイスする。（T2）	人数分以上の 乗り物の本
2時間目 10分	1. 本時のめあてを知る。	1. 本時のめあてを伝える。（T1） ・『はたらきもののじょせつしゃ　けいてぃー』を例に，「ですから」を使った一文を付け足した文章を板書する。	
20分	2. 本を読み返しながら，**ワークシート**に文章を書く。	2. ワークシートに，前時にノートに書いた文章を書き写し，さらに「ですから」を使った一文を付け足して書かせる。	ワークシート 各自が選んだ 本
15分	3. 文章が完成したら，絵を描いて仕上げる。	3. 自分が書いた文章を声に出して読むことができたら，その乗り物の絵を描かせる。	

●評　価
・乗り物の本に関心を持って調べることができたか。

・「ですから」の使い方を理解して，乗り物の説明を書くことができたか。

●授業のポイント
・読み聞かせを導入として，乗り物の仕組みを読み取れるようにする。

・1時間目には，「ですから」の使い方を全員に理解させ，次の時間に文章を書かせる。

●学校図書館を活用した授業の効果
・乗り物に関心を持った児童は，学校図書館でその本を借り，進んで読むようになる。

◆ワークシート

しらべた　のりもの

のりものの　え

のりものの　せつめい

なまえ〔　　　　　　　　　　　　　〕

3

2年生 むかしばなしを読もう （2時間扱い）

場所：学校図書館　　　T1：学級担任　　　T2：学校司書

めあて 昔話に関心を持ち，1冊選んで，読み通す。

●**準　備** 昔話絵本（人数分以上。2年生に難しすぎないか，確認する），ワークシート，色鉛筆

●**授業の流れ**

時　配	児 童 の 活 動	支 援	備 考
1時間目 15分	1. 本時のめあてを知る。 2. 読み聞かせを聴く。	1. 本時のめあてを伝える。(T1) 　・昔話を楽しく読むことを伝える。 2. 昔話絵本の読み聞かせをする。(T1) 　・10分以内で読める長さの絵本を読む。	読み聞かせ (p.95～97参 照)
10分	3. クイズに答えながら，昔話への関心を高める。	3.「むかしばなしクイズ」で，楽しく盛り上げる。(T2)	昔話絵本5冊 むかしばなし
15分	4. 読みたい本を決めて読む。	4. 昔話を選んで読むように指示する。(T1) 　・読めない児童は個別に読み聞かせをする。(T1)(T2)	クイズ (p.83 参照) 人数分以上の
5分	5. どの昔話のどこが心に残ったか発表する。	5. 本時のまとめをする。(T1) 　・よく読んでいた児童2名を指名する。	昔話絵本
2時間目 15分	1. 本時のめあてを知る。 2. **ワークシート**の心に残ったことの書き方を理解する。	1. 本時のめあてを伝える。(T1) 　・前時に読んだ昔話について，絵と心に残ったことを書いたワークシートを掲示し，みんなに紹介することを伝える。 2.「心にのこったこと」の書き方について，学級担任が前時に読み聞かせした本を例に板書して説明する。 　・心に残ったことを先に書いて，できたら絵を描くことを伝える。(T1)	ワークシート 各自が選んだ 本 前時に読み聞 かせした本
30分	3. 先生の例や，友だちが書いた「心にのこったこと」を聞いて**ワークシート**への書き方を考える。 4. 絵を描いて着色して仕上げて，提出する。	3. 作業を始めたら，早く書けた児童の文を読み上げて紹介して聞かせる。(T1) 4. 絵に着色して完成するように指示する。 　　　　　　　　　　　　　　　　(T1)	色鉛筆

●**評　価**

・昔話の読み聞かせをよく聴き，クイズを楽しんだか。

・自分で選んだ本を最後まで読み通して，ワークシートに絵と文をかくことができたか。

●**授業のポイント**

・担任の先生が，読み聞かせを行い，学校司書がむかしばなしクイズを行う。

●**学校図書館を活用した授業の効果**

・教室とは違う，楽しい雰囲気の中でクイズに答えたり，本を読んだりできる。

◎むかしばなしクイズ

準備：A4 が入る大きさの封筒5枚。昔話絵本を5冊用意し，題名が見えないように1冊ずつ袋にしまっておく。クイズとして言う言葉を袋の裏に薄く書いておいてもよい。

クイズの出題の仕方例：『かぐやひめ』

（続きは，p.83 参照）

これから，日本の昔話クイズをします。

ここに，5つの紙袋があります。この中には，1冊ずつ，日本の昔話の絵本が入っています。ヒントを言いますから，わかった人は答えてくださいね。

第1問，最初のヒントは「月」です。次のヒントは「竹」です。（ここでだいたい「かぐやひめ」と正解が出る。）はい，正解は，『かぐやひめ』でした。（と言って，絵本を出して見せる。）

◆ワークシート

だい名

絵

心にのこったこと

年　　組　　番　　名前〔　　　　　　　　〕

※協力：東京都内小学校・梅澤智子教諭，妹尾大樹教諭

4 （2年生） 学校としょかんたんけんをしよう （1時間扱い）

場所：学校図書館　　T1：学級担任　　T2：学校司書

めあて 学校図書館の本の配置，使いやすくする**工夫**などを見つけて今後の利用へつなげる。

● **準　備** 掲示する学校図書館の見取り図，ワークシート

● **授業の流れ**

時配	児童の活動	支援	備考
5分	1. 本時のめあてを知る。	1. 本時のめあてを伝える。（T1）	
20分	2. 学校図書館の工夫を各自で見つける。	2. 学校図書館の中を見て，工夫していることを見つけさせる。（T1） ・ワークシートの見取り図のどこのことか，図の中に書くことを伝える。	ワークシート
	3. 見つけたことを発表する。 ・本を借りるところ，返すところ ・貸し出しのきまり ・図書委員のおすすめコーナー	3. 見つけたことを発表させて，掲示した見取り図に書き込む。（T1） ・学校司書や図書委員の存在に触れる。	学校図書館の見取り図掲示
10分	4. 本には分類があることを確認する。 ・0から9に分けられている。 ・絵本は別の場所に置いてある。 ・本のラベルの数字と本棚の上の表示が一致していること。 ・自分がよく利用するのはどの番号の本か考える。	4. 日本十進分類法（NDC）の本の並び方に注目させる。（T2） ・NDCの表示プレートを番号順に確認させ，なぜこのように分けてあるのか考えさせる。 ・どの番号のところの本をよく借りているか考えさせる。	日本十進分類法（p.80, 81, 94参照）
10分	5. わかったことをまとめて，**ワークシート**に書く。	5. 「としょかんたんけん」でわかったことをワークシートに記入させる。（T1） ・数名，発表させてまとめる。	

● **評　価**

・学校図書館の工夫を積極的に見つけることができたか。

● **授業のポイント**

・学校図書館を使いやすく工夫しているのは誰か，また維持していくためには分類を守ることが必要と気づかせる。

● **学校図書館を活用した授業の効果**

・今後，学校図書館を活用していくための分類の知識を得て，自分でも本を探せるようになる。

・学校図書館は，学校司書や図書委員が工夫して整えていることに気づき，感謝して使うようになる。

◆ワークシート

学校としょかんたんけんをしよう

名前〔　　　　　　　　　　　　〕

入口

出口

（ならぶ　いち）

①

見つけたこと

①　本をかりるところ

わかったこと

5 3年生 詩を楽しく読もう （1時間扱い）

場所：学校図書館　　T1：学級担任　　T2：学校司書

めあて お気に入りの詩を見つけて視写した後，**楽しく音読する**ことができる。

●**準　備** 詩の本（人数分以上。３年生に向いている楽しい詩），模造紙に書いた詩，ワークシート

●授業の流れ

時　配	児　童　の　活　動	支　援	備　考
20分	1. 本時のめあてを知る。	1. 本時のめあてを伝える。（T1）	
	2. 一つの詩を全員で読み味わう。	2. 模造紙に書いた詩を紹介する。（T1）	模造紙に書いた詩
		・情感を込めて読み上げ，情景を想像させた後，声をそろえて読ませる。	
20分	3. 他の詩の本に関心を持つ。	3. おもしろい詩の本を２～３冊紹介する。	詩の本
		特によいと思った詩を朗読する。（T2）	
	4. 一人１冊ずつ，詩の本を選んで静かに読む。	4. 集めた詩の本から１冊を選び，各自で読ませる。（T1）	人数分以上の詩の本
	5. 丁寧に**ワークシート**に視写する。	5. 一番よかった詩をワークシートに視写させる。（T1）	ワークシート
	・視写したら「この詩を選んだ理由」を書く。	・早く終わったら，暗唱できるように練習させる。	
	・早く書けたら小声で暗唱の練習をする。		
5分	6. 好きな詩を発表し，友だちの選んだ詩の音読を聴く。	6. 1～2名に音読させてまとめる。	
		・視写した詩の暗唱を宿題にする。	

●評　価
・気持ちを込めて音読することができたか。
・詩に関心を持って読み，気に入った詩を丁寧に視写することができたか。

●授業のポイント
・模造紙に書く詩は，１行ごとに黒と青，交互に書くと見やすい。
・詩の本を読むことに集中できるように，ワークシートは書く直前に配る。
・詩の暗唱は，グループの中で発表させるか，あるいは，朝の会で日直に順に発表させる。
・視写した詩は，廊下に掲示する。時間がとれればイラストを描いたり着色したりさせる。

●学校図書館を活用した授業の効果
・学校図書館には様々な詩の本があることを知り，今後，借りるきっかけになる。

◆ワークシート

この本をえらんだ理由

年　　　組　　　名前〔　　　　　　　　　　　〕

6

場所：学校図書館または教室　　T1：学級担任　　T2：学校司書

めあて 図鑑に関心を持ち，**索引を使って調べる**ことを覚える。

● 準 備 絵本『ごちゃまぜカメレオン』，図鑑『動物』，カメレオンが掲載されている動物図鑑（表紙にカメレオンの写真が出ていない図鑑を選ぶ），カメレオンが出ている箇所の索引のコピー（人数分），虫・植物・動物・魚の図鑑，ワークシート
・クラスの人数分の，生きものについての問題を模造紙に書いておく。（学校司書が準備しておく。番号をふっておく）

●授業の流れ

時 配	児童の活動	支　援	備　考
10分	1. 本時の見通しを持つ。 2. 読み聞かせを楽しむ。	1. 本時のめあてを伝える。(T1) 2.『ごちゃまぜカメレオン』を読み聞かせ，カメレオンに関心を持たせる。(T1)	読み聞かせ (p.95～97参照)
10分	3. カメレオンがどの図鑑に出ているか考える。それを調べるには，索引を見ることを知る。	3. 図鑑でカメレオンを調べる方法を考えさせる。(T2) ・カメレオンが掲載されている動物図鑑を例に，カメレオンが出ているかどうか調べるには，索引を使うことに気づかせる。	図鑑の調べ方 (p.84参照)
	4. 索引の見方を知り，カメレオンが出ているところをさがし，50音順に並んでいることを理解する。	4. 索引のコピーを一人ずつに配り，50音順になっていることを確認させ，カメレオンの文字を赤で囲ませる。	索引のコピー
20分	5. 模造紙に書いてある自分の出席番号の「しらべる生きもの」を図鑑で見つけて，**ワークシート**に，調べた答えを記入する。 ・早くできたら，模造紙に書いてある他の生き物の問題について調べる。	5. 模造紙に書いてある問題を調べさせる。(T1) ・最初に，カメレオンの問題「一番小さいカメレオンの大きさは？」の答えを図鑑で探して見せ，答えを板書する。 ・はじめに調べるのは，自分の出席番号の問題と指定する。 ・遅れがちな児童へは個別に支援をする。(T1)(T2)	黒板またはホワイトボード 生きものについての問題が書かれた模造紙 図鑑 ワークシート
5分	6. 友だちが本時に「しらべたこと」を聞き，図鑑への関心を高める。	6. 本時のまとめをする。(T1) ・数人に，今日わかったことを発表させる。	
	7. 生き物は，「4」の書棚にあることを確認し，次のクイズ作りへの意欲を持つ。	7. 次の時間は，生き物のクイズを作るので，4類の中から探すことを予告する。(T1)	

●評　価
・索引の使い方を理解し，問題「しらべること」を図鑑で探すことに積極的に取り組んだか。

●授業のポイント
・この授業は，1学期の最初の方に実施し，これからの学習につなげる。
・『ごちゃまぜカメレオン』の読み聞かせで，楽しい雰囲気づくりをする。
・読み聞かせ『ごちゃまぜカメレオン』と図鑑をつなげるやりとり。(p.84参照)

　学校司書「カメレオンは本当にいる生き物？」　児童「いる」

　学校司書「色が変わるの？」　児童「変わる」

　学校司書（少し笑いながら）「いろんな動物になるのかな？」　児童「それはお話の中だけ」

　学校司書「そうですね。では，どんな大きさなの？」　児童（手で示そうとするが困る）

　学校司書「そういうときに，何を見たらいいのかな？」　児童「図鑑」

●学校図書館を活用した授業の効果
・教室より机が広く，図鑑を広げやすいので，作業が進めやすい。
・4類（算数・理科・いきもの）に生き物の本があることを確認し，選んで借りることができる。
・事前に学校司書が図鑑を見て問題を作っておくので，子どもがどの図鑑を見たらよいか迷っている場合，助言がしやすい。
・この授業が，学校司書の支援を通して，他の学級にも広められる。

◆ワークシート

名前〔　　　　　　　　　　　　　　　　　　　　〕

しらべた生きもの

しらべたこと

出ていた本

＊時間に余裕があれば，問題を書いて印刷した用紙を人数分準備し，その答えを探して記入させる方法も考えられる。

7 （4年生） 落語を楽しもう （3時間扱い）

場所：学校図書館　　T1：学級担任　　T2：学校司書

めあて 落語に関心を持ち，楽しく読み味わい，**登場人物の気持ちになって音読する。**

● **準 備** 落語の本（人数分以上），ワークシート，付箋，落語CD，落語のセリフを書いた模造紙

● 授業の流れ

時 配	児 童 の 活 動	支 援	備 考
1時間目 20分	1. 学習全体のめあてを知る。 2. CDを聴きながら，話し方について考える。	1. 学習全体のめあてを伝える。（T1） 2. 落語CDを聴かせて，話し方の特徴について考えさせる。（T1） ・登場人物になりきって話していること，相手に話しかけるように言っていること，間をとっていることなどに気づかせる。	落語CD
20分	3. 落語の本を1冊選び，読み進める。	3. 落語の本を読むように指示をする。（T1） ・気に入った落語のページに，出席番号を書いた付箋を貼らせる。 ・選べない児童に本をすすめる。(T1)(T2)	人数分以上の落語の本 付箋
5分	4. 友だちの話を聞き，読んでない落語絵本に関心を持つ。	4. 本時のまとめをする。（T1） ・数人指名して，どの話がおもしろかったか発表させる。	
2時間目 15分	1. 本時のめあてを知る。	1. 本時のめあてを伝える。（T1） ・選んだ本を落語の雰囲気で音読する。	
	2. 落語の言い方を考え，発表し，言ってみる。	2. 模造紙に書いた，昨日のCDの落語のセリフの一部を見せ，どのように言ったらよいか考えて，発表させる。（T1） ・セリフの前後をもう一度聴かせる。（T1）	落語CD セリフを書いた模造紙
30分	3. 本を選んで練習する。	3. 読みたい落語を決め各自練習させる。 （T1）	各自が選んだ本

数日後（練習期間）

時 配	児 童 の 活 動	支 援	備 考
3時間目 30分	1. 本時のめあてを知る。 2. 二人一組で落語の音読をする。	1. 本時のめあてを伝える。（T1） 2. 二人一組で落語をお互いに音読させる。 ・人数が奇数のときは学校司書が入る。 （T2） ・学級担任は，順に聴く。（T1）	
10分	3. **ワークシート**に記入する。	3. 読み終わったら，ワークシートに記入させる。（T1）	ワークシート
5分	4. 全体をふりかえる。	4. 全体のまとめをする。（T1）	

●評　価
・落語に関心を持って，本を読むことができたか。
・落語の特徴を知り，工夫して音読することができたか。

●授業のポイント
・一人1冊の読み聞かせが難しい場合は，4人グループで1冊を決め，分担して練習して発表させてもよい。その場合，練習の時間をもう1時間とる必要がある。
・暗記して話せる児童もいるので，挑戦させる。

●学校図書館を活用した授業の効果
・様々な落語に関する本があることがわかり，関心を高められる。

◆ワークシート

落語を楽しもう

読んだ落語

読んでもらった落語

読むときに工夫したこと

落語についてわかったこと

年　　　組　　　番　　　名前〔　　　　　　　　　〕

---

8 （4年生） 自分たちの都道府県を調べよう（6時間扱いの1時間目）

場所：学校図書館または教室　　T1：学級担任　　※学校司書は準備支援

めあて　自分が住んでいる都道府県の特徴について調べ，関心を高める。

●準　備　住んでいる都道府県に関する本，資料など（人数分），住んでいる都道府県の掲示
　　　　用の地図，大きな付箋またはA6の大きさに切った白紙（一人3枚ずつ），黒のフェ
　　　　ルトペン（各自），セロハンテープ

●授業の流れ

時配	児 童 の 活 動	支 援	備 考
10分	1. 本時のめあてを知る。 2. 自分の住んでいる都道府県にどんな自慢できるところがあるか，県の特徴を考えて，答える。	1. 本時のめあてを伝える。（T1） 2. 自分が住んでいる都道府県の自慢できること（特徴）を挙手で答えさせる。（T1） ・挙手がないときは，自慢できること（特徴）についての例を挙げる。	
15分	3. 付箋に大きく，特徴を書く。 4. 友だちが貼った付箋を見て，近い内容のところに貼る。貼るときには，スペースを考え少し位置をずらす。	3. 他にはどんなことがあるか本で調べて，一人3枚，付箋に書くように伝える。（T1） ・周囲を見てなるべく違うことを書かせる。 ・文字はフェルトペンで大きく書かせる。 4. 3枚書けたら，黒板（ホワイトボード）に貼らせる。 ・近い内容の付箋が集まるように貼らせる。 ・先に貼ってある付箋と違うことを書くように伝える。	住んでいる都道府県に関する本 付箋または白紙 フェルトペン セロハンテープ
15分	5. 自分の住んでいる都道府県の自慢できることの仲間分けを一緒に考える。まとめた仲間にどんな名称をつけるか考えて発表する。 6. 付箋に書かれていないことについて，本を見ながら考えて発表する。	5. 全員が貼ったら，問いかけながら仲間に分けて線で囲み，その仲間の名称を考えさせる。例：名産 ・同じ言葉は重ねて貼る。 ・子どもたちからの言葉でまとめる。 6. 付箋に書かれていないことは，他にないか，本を見ながら考えさせる。	
5分	7. 自分はどの内容について調べたいか考える。	7. 各自，詳しく調べてみたいことについて考えさせる。	

●評　価

・自分の住んでいる都道府県の自慢できること（特徴）を調べて書くことができたか。

・調べたことの仲間分けを積極的に考えたか。

●授業のポイント

・自然，特産物，建物，観光，歴史，生き物など，なるべく広範囲の内容が出てくるように，途
　中で言葉かけをする。例：「○○県で有名な農産物はなに？」「有名な場所は？」など。

・一つのテーマに対する言葉を集めて，仲間分けをすると，子どもたちの頭に全体像が入り，今

後の意欲的な学習につながる。

・都道府県の資料については，都道府県立図書館に問い合わせると，多くの資料を集められる。

●学校図書館を活用した授業の効果

・学校図書館の本を参考にしながら，仲間分けマップを作ることができる。

・学校司書に事前に依頼し，都道府県に関する資料を集めておいてもらえる。

◆この後の展開例

時 配	児 童 の 活 動	支 援	備 考
2時間目	1. 班ごとに調べる観点を決める。例：自然の班，農産物の班，……この中で各自が調べることを決める。例：自然の中の海，山，川，沼	1. 班ごとに，調べる観点を決め，さらにその中の一つを各自分担させる。 2. 情報カードに本で調べたことを記入させる。	情報カード（p.87参照）
3時間目 4時間目	1. 調べたことをわかりやすく文章にまとめる。よく読み直して，友だちと交換して読んで，書き方を確認する。 2. 班で話し合って，模造紙に貼ってイラストを描く。	1. 一人ずつ，調べたことをまとめて，各自の情報カードに書かせ，交換して読ませる。 2. 調べた仲間の名称を模造紙に書き，各自が書いた情報カードを貼らせる。 ・見やすくイラストを描かせる。	情報カード 模造紙
5時間目	1. 班で話し合い，発表のしかたを考えて練習をする。	1. 班ごとに発表の練習をさせる。 ・発表する順番，はじめの言葉，最後のまとめの言葉を言う児童を決めさせる。 ・はっきり話すように指導する。	
6時間目	1. 班ごとに発表をする。他の班の発表をよく聞き，自分たちの住む都道府県についての知識と関心を高める。 2. まとめの話を聞く。	1. 班ごとに，調べたことを発表させる。 2. まとめの話をする。 ・模造紙は廊下に掲示すること，今後も自分たちの都道府県を大切に考えることを伝える。	

◆調べることの仲間分けマップ

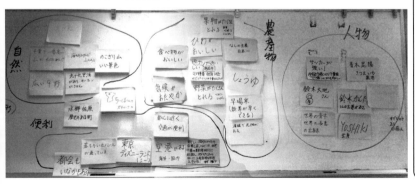

　　左は，千葉県の例である。授業の流れに記述したように，この後，千葉県について書かれた本を見て，みんなが貼った付箋に出ていないことについて考えさせる。この例では，さらに，工業，水産業，伝統工業，成田山や歴史に関することに目を向けさせる。

9

5年生 椋鳩十の作品に親しもう（むくはとじゅう）（2時間扱い）

場所：学校図書館　　T1：学級担任　　T2：学校司書

めあて 椋鳩十の作品に関心を持ち，読んで**紹介文を書くことができる**。

●**準 備** 椋鳩十の本（人数分以上），ワークシート，付箋

●**授業の流れ**

時 配	児 童 の 活 動	支 援	備 考
1時間目 15分	1. 本時のめあてを知る。 2. ブックトークを聞きながら，椋鳩十の本に関心を持つ。	1. 本時のめあてを伝える。（T1） 2. 椋鳩十の作品の中から選んだ本のブックトークをする。（T2）	ブックトークの本 ブックトーク
25分	3. 椋鳩十の本を1冊選び，読み進める。	3. 椋鳩十の作品を読むように指示をする。（T1） ・読んだところまで，付箋を貼らせる。	例(p.85参照) 人数分以上の 椋鳩十の本
5分	4. 友だちの感想を聞き，参考にして今後の見通しを持つ。	4. 本時のまとめをする。（T1） ・数人，指名して今の感想を話させる。 ・続きは各自で読み進めることを伝える。	付箋
2時間目 5分	1. 本時のめあてを知る。	1. 本時のめあてを伝える。（T1） ・椋鳩十の作品を紹介するワークシートを書くこと，ワークシートは掲示することを伝える。	
40分	2. 本を読み返しながら，**ワークシート**に記入する。	2. 作業を進めさせる。（T1） ・途中で，上手に書けている児童の文章を紹介する。 3. 早く終わったら「動物と人間のふれあい」コーナーの本を読ませる。	ワークシート 前時に各自が 選んだ本

●**評 価**

・椋鳩十の作品に関心を持って，一生懸命に読むことができたか。

・ワークシートに，紹介文を書くことができたか。

●**授業のポイント**

・読書が苦手な児童，日本語の習得が不十分な児童も読めるよう，幼年版の本も数冊用意。

・ブックトークを行う際，挿絵をパワーポイントや書画カメラで映して見せる。あるいは，拡大コピーして見せる。

・学校司書は，「動物と人間のふれあい」のコーナーを作り，該当する本を展示しておく。

●**学校図書館を活用した授業の効果**

・椋鳩十以外の，動物と人間がふれあう本にも関心を持ち，読み広げることができる。

◆ワークシート

椋鳩十の作品 紹 介

書　名

登場する動物

あらすじ

心に残った優れた文章（視写）

椋鳩十が作品を通して伝えたかったこと

年　　　組　　　番　名前〔　　　　　　　　　　　　　〕

10

（ 5年生 ） **米について書いてある本をさがそう**（1時間扱い）

場所：学校図書館　　T1：学級担任　　T2：学校司書

めあて　米について書かれている本の探し方を知り，**米作りの学習への関心を高める。**

● **準 備**　ワークシート

・学校司書と打ち合わせて，事前に書棚を見て，各分類にある「米」に関する本を確かめておく。（本は書架に入れたままにする）

● **授業の流れ**

時 配	児 童 の 活 動	支 援	備 考
10分	1. 本時のめあてを知る。 2. 表示や掲示を見ながら分類があることを理解し，「米」の本がどこにあるか考える。	1. 本時のめあてを伝える。（T1） 2. 書架の分類表示に注目させてNDCの10の分類を確認し「米」は何類にあるか考えさせる。（T2） 　　0　百科事典　　　5　ごはん 　　2　地理　歴史　　6　農業 　　4　イネ　　　　　　など	日本十進分類法（p.81, 94参照）
10分	3. 米について調べたいことをある程度，考えながら，書架の本を探す。	3.「米」の出ている本を1班から順に探すように指示する。（T1） ・書名に「米」と出てなくても，「東北地方」の本に出ていることなどを伝える。 ・見つけられない児童にアドバイスする。 　　　　　　　　　　　　　　　　　（T2）	
20分	4. どんな本があったか班の中で確認し，持ってきた本を読む。 5. **ワークシート**に，初めて知ったことを書く。	4. どんな本があったか班の中で見せ合い，持ってきた本を読む時間をとる。（T1） 5. ワークシートに，本を読んで，初めて知ったことを記入させる。（T1） ・そのまま写すこと，まとめて書くことの2種類があることを教える。 ・書名，著者名，出版社を書くことを伝える。 ・もっと知りたいと思ったことを書かせる。 ・作業が遅れがちな児童にアドバイスする。 　　　　　　　　　　　　　　　　　（T2）	ワークシート
5分	6. 友だちの発表を聞きながら，これから始める米の学習について，関心を高める。	6. 初めて知ったことと，もっと知りたくなったことを発表させる。（T1）	

● **評 価**

・米について書かれた本を探して，初めて知ったことをワークシートに記入できたか。

26

●授業のポイント

・米作りの学習の導入でもあり，学校図書館の本をどのように探すかの学習も兼ねている。

・4年生までに出典を書くことを学習してこなかった場合は，調べたときにはどの本に出ていたことなのか書いておく必要があることを，後半に時間をかけてしっかり伝える。

・分類は，第三次区分まで書いてあるラベルを使っている学校は，そのまま書かせる。

　　例：イネは，4または479。稲作は，6または616。

●学校図書館を活用した授業の効果

・本の分類についての知識を得て，今後，自分でも本を探せるようになる。

・個々に知識を得ることで，社会科の「米作り」の学習への関心を高めることができる。

◆ワークシート

米について書いてある本をさがそう

名前〔　　　　　　　　　　〕

1．班のメンバーが持ってきた本

分　類	書　名

2．本を読んでわかったこと

分類	書名
著者	出版社

11

6年生 伝記を読んで考えよう （2時間扱い）

場所：学校図書館　　T1：学級担任　　T2：学校司書

めあて 伝記のおもしろさに気づき，読みながら**自分の将来を重ねて考える**。

●**準　備** 伝記の本（人数分以上。漫画は除き，6年生に読みやすい本），ワークシート，付箋

●**授業の流れ**

時　配	児　童　の　活　動	支　援	備　考
1時間目 15分	1. 本時のめあてを知る。 2. クイズに答えながら，伝記に関心を持つ。	1. 本時のめあてを伝える。（T1） 2. 「わたしは誰でしょう？」の伝記クイズを行う。（T2） 　・一人の偉人を取り上げ，短いブックトークをする。（T2）	伝記の本5冊 伝記クイズ （p.86参照）
20分	3. 選んだ伝記を読み進める。	3. 伝記を読むように指示をする。（T1） 　・読んだところまで，付箋を貼らせる。	人数分以上の伝記の本 付箋
10分	4. 友だちの感想を聞き，参考にし，今後の見通しを持つ。	4. 本時のまとめをする。（T1） 　・数人，指名して今の感想を話させる。 　・ワークシートにまとめる予定の日にち，続きは各自で読み進めることを伝える。	
2時間目 5分	1. 本時のめあてを知る。	1. 本時のめあてを伝える。（T1） 　・読んだ伝記について書いたワークシートは掲示することを伝える。	ワークシート 各自が選んだ伝記の本
40分	2. 本を読み返しながら，**ワークシート**に記入する。	2. 作業を進めさせる。（T1）	

●**評　価**

・伝記に関心を持って，一生懸命に読むことができたか。

・ワークシートに，功績と見習いたいところを記入できたか。

●**授業のポイント**

・スポーツ選手の伝記を多めに用意しておく。

・担任と学校司書が行う伝記クイズ「わたしは誰でしょう？」の例：『エジソン』（p.86参照）

　これから，伝記クイズ「わたしは誰でしょう？」をします。ヒントを言いますから，わかった人は手をあげないですぐに答えてくださいね。

　第1問。私は誰でしょう？　私はアメリカの男性です。質問ばかりして先生を困らせ，小学校をやめてしまい，お母さんと勉強しました。電球などたくさんの発明をしたので発明王とも呼ばれています。「天才とは，1％のひらめきと99％の努力である」という有名な言葉が残されています。

●学校図書館を活用した授業の効果
・伝記の本の置かれた場所を覚えて，今後続けて読むことができる。

◆ワークシート

読んだ伝記の紹介

似顔絵　　　　　　　　人物名

国

生没年

〜

功　績

見習いたいところ

年　　組　　番　名前〔　　　　　　　　〕

12

6年生 世界の国々の紹介をしよう （4時間扱い）

場所：学校図書館　　T1：学級担任　　T2：学校司書

めあて　国際社会に生きる子どもたちが**世界の国々に関心を持つ**きっかけとする。

●**準　備**　世界地図，世界の国の本（人数分以上），タブレットPC，情報カード（p.87），付箋，
ワークシート，色鉛筆

●授業の流れ

時　配	児　童　の　活　動	支　援	備　考
1時間目 25分 20分	1. 世界の国に関心を持つ。 2. 世界の国の本を読んで，調べたい国を決める。	1. 黒板に世界地図を貼り，話題になっている国や教師が行った国の話などをする。(T1) 2. 国ごとに1冊になっている本のシリーズを読み，どの国を調べたいか考えさせる。(T1)	世界地図 世界の国の本
2時間目 20分 25分	1. 調べたい国の本を読む。 2. 情報カードの書き方を知り，紹介したいことを書く。	1. 調べたい国の本を一人1冊渡して，初めて知ったこと，日本とは違うことなどに付箋を貼りながら読ませる。(T1) 2. 情報カードに，読んだ中で特に紹介したいことについて，1項目ごとに1枚書かせる。 ・情報カードの書き方を説明する。(T2)	世界の国の本 付箋 情報カード 情報カードの書き方（p.87参照）
3時間目 10分 35分	1. 本を読み進めながら，情報カードに，調べたことを書く。 2. 調べたい国について他の本も読んで知識を深める。	1. 前時と同じように，情報カードを書き進めることを伝える。(T1) ・調べる国について，百科事典などを読んでもよいこと，書名に国名がなくても調べられることを伝える。(T2) 　例：書名が『ヨーロッパ』の中の国 ・国がどこに所属するかわからない時は質問させる。(T1)(T2)	世界の国の本 情報カード
4時間目 20分 25分	1. タブレットPCで調べた，確かなインターネットの情報をもとに，国の基本情報を**ワークシート**に書く。 2. 情報カードを見ながら，紹介したいことを決めて，**ワークシート**にまとめて書く。	1. タブレットPCで調べることを伝える。(T1) ・確かな情報を調べることを伝える。 ・外務省のホームページの「キッズ外務省」を開かせ，国の基本情報を調べさせる。 ・キッズ外務省の国旗のページと本を参考に国旗を描かせる。(T1) 2. 情報カードを見直して，国の紹介を考えてワークシートに書かせる。(T1)(T2) ・国の紹介が早く書けた児童のワークシートを紹介する。(T1)	タブレットPCインターネット情報（p.89参照） 色鉛筆 ワークシート

●評　価

・進んで関心のある国の本を手に取り，調べていたか。

・ワークシートに，工夫してまとめて書けたか。また，わかったことなど書けたか。

●授業のポイント

・学校司書は2時間目の前に，子どもたちが調べたい国を調査し，それに合わせて本を準備しておくとよい。

・完成したワークシートは掲示する。また，朝の会で日直に調べた国を紹介させる。

●学校図書館を使った授業の効果

・百科事典や国旗の本など，国名がタイトルになっていない本でも，必要に応じて調べることができる。

◆ワークシート

| 国　旗 | 名前〔　　　　　　　　　　　　　〕 |

国　名

1．基本情報

国の面積		首　都	
人口（　　　）年		主な言語	

2．国の紹介

3．調べてわかったこと，考えたこと

参考資料

※参考：東京都大田区立池上第二小学校・来栖智子教諭指導，嶋峰みゆき学校司書支援の授業

司書教諭はどなたですか？

　最近，ある学校司書から，「この頃は，司書教諭はいなくてもよくなったんですか？　12学級以上の学校でも，『司書教諭は，いない』，と言われました」と聞かれました。皆さんの学校ではどうでしょうか？　司書教諭はどなたかわかっていますか？

　1997年に学校図書館法が改正され，12学級以上の学校での司書教諭発令が義務化されました。文部科学省からは次のような通知も出ています。「司書教諭については，平成9年の本法改正により，11学級以下の学校においては当分の間置かないことができるとされているが，学校図書館における司書教諭の職務の重要性に鑑み，司書教諭有資格者の確保及びその発令をより一層計画的に推進し，これらの学校においても司書教諭の設置がなされるよう引き続き努めること」[1]。ですから，12学級以上はもちろん，11学級以下の学校でも司書教諭は必要です。

　なぜ，司書教諭の発令が曖昧になってしまっているのか，次のような理由が考えられます。第一に，司書教諭の資格が理解されず，誰でもできると思われているのでは？　第二に，学校図書館法の附則に書かれている「政令で定める規模以下（11学級以下）の学校にあつては，当分の間，司書教諭を置かないことができる。」，が，「置く必要がない」というような解釈になり，その言葉が独り歩きして，「12学級以上の学校であっても発令しなくてよい」と誤解されているのでは？

　筆者は，指導している大学生が教育実習に行く際，司書教諭にどのような活動をされているのかうかがってくるように，と課題を出しています。その中で，次のように司書教諭のお話をまとめた学生がいます。

　「司書教諭としての最大の役割は，教職員と学校司書の橋渡しである。図書の貸し出し，書架整理だけではなく，授業での学校図書館活用，図書の購入，イベント企画など協力・連携して，他の教職員への周知や提案を行う。市の研修会では，オリエンテーション，年間目標，学校図書館マニュアルの確認，学習活動での活用やイベント企画の実践報告，外部講師を招聘した講演会がある。」

　このように，司書教諭としての使命を自覚して取り組んでいる司書教諭も多くいらっしゃると思います。このような司書教諭は単独で仕事をしているのではなく，学校司書との連携や研修体制があってできていることも伝わってきます。

　ですから，司書教諭が，司書教諭としての働きを校内で果たすためには，市全体，教育委員会のバックアップも重要ではないかと思います。一方，司書教諭になった方は，本書を参考に，率先して学校図書館を活用した授業を行い，また，先生方にも働きかけてください。その活動によって学校が変わり，やがて地域も変わっていきます。楽しいですよ。

1)　文部科学省「学校図書館法の一部を改正する法律の公布について（通知）」
　　https://www.mext.go.jp/a_menu/shotou/dokusho/link/1360206.htm（参照2020.11.15）

第2章

中学校・全教科
学校図書館を活用した授業

◎**本章では，……**

　中学校の全教科での，学校図書館を活用した授業を2例ずつ紹介しています。

　実際の事例を参考にさせていただきました。

1 **本を選んでレポートを書こう** (4時間扱い)

国語科

場所：学校図書館　　T1：国語科教諭　　T2：学校司書

めあて　自分の関心のあるテーマについて，**本の情報をもとにレポートを書く**ことができる。

●**準　備**　レポートを書く用紙，情報カード，相互評価用紙，タブレットPC，国語辞典，ホッチキス

　　　　・子どもたちに関心を持ってもらえそうなテーマをいくつか考えておく。

●授業の流れ

時　配	生 徒 の 活 動	支　援	備　考
1時間目 10分	1. 本時のめあてを知る。	1. 本時のめあてを伝える。(T1) ・レポートを書くために，本を読んで情報カードを書くことを伝える。	
	2. レポートの構成について理解する。	2. レポートの構成を説明する。(T1) ・そのテーマを設定した理由，調べた結果，まとめ，資料の出典を書くこと。	レポートの構成を板書
15分	3. 書きたいテーマの本を見つけて読む。	3. 関心のある本を探して読ませる。(T1) ・複数の本を閲覧することを伝える。(T1) ・本を探せない生徒を支援する。(T2)	
20分	4. **情報カード**を書く。	4. 情報カードに記入させる。(T1) ・情報カードの書き方を説明する。(T2)	情報カード 情報カードの
5分	5. 本時をふりかえり，次時の予定を知る。	5. 本時のまとめと次時の予告をする。(T1)	書き方（p.87 参照）
2時間目 30分	1. インターネットの情報を検索し，**情報カード**に記入する。	1. インターネットの情報を検索させて，情報カードを書かせる。(T1) ・インターネット情報の出典の書き方を説明する。(T2)	タブレットPC インターネット の出典の書き 方（p.89参照）
20分	2. レポートの構成を考える。	2. レポートの構成を考えさせる。(T1)	
3時間目 50分	1. **レポートの構成を確認**し，全文章を書いて完成させる。 ・題名を考えて書く。	1. 全文を完成させる。 ・国語辞典を使わせる。 ・内容を的確に表す題名を考えさせる。 (T1) ・再度，本を見たい生徒の支援をする。 (T2)	レポートを書 く用紙 国語辞典
4時間目 40分	1. 4人のグループで友達のレポートを読んで**相互評価用紙**にコメントを書く。	1. レポートを相互評価させる。(T1) ・生徒には「コメント」と伝え，相互評価用紙によい点，改善するとよくなる点を書かせる。	相互評価用紙
10分	2. 友達からのコメントを読んでから，**レポート**を提出する。	2. レポートと相互評価用紙をホッチキスで綴じて提出させる。	ホッチキス

●評　価
・積極的に，情報を収集し，自分でテーマを決められたか。
・構成を考えてレポートを完成し，出典も明記できたか。

●授業のポイント
・テーマは，本を手に取りながら考えるので，資料がなくて困るということがない。
・情報カードは，本とインターネットから得た情報の要点を絞って，3枚以上書くことを伝える。

●学校図書館を活用した授業の効果
・本を見ながら，自分でテーマを決めるので意欲的に取り組めるようになる。
・本とインターネット，両方の使い分けができるようになる。

情報カード　No.	氏名	
Q.		
A.		
	書名（サイト名）	(p.　　　)
参考資料	著者　　　　出版社	出版年（アクセス日）

◆相互評価用紙　＊以下の枠を3人分渡して，自分の班の生徒のレポートを読んで記入し，添付させる。

（　　　　　　　）さんへ

　　　　　　　　　　　　　　　　　　　　　（　　　　　　　）より

例文

（　佐　藤　）さんへ
・自分の意見をしっかり持っていて，伝えたいことがよくわかりました。
・段落で，ちゃんと1文字さげると，読みやすくなると思います。
　　　　　　　　　　　　　　　　　　　　　（　鈴　木　）より

※参考：千葉県鎌ケ谷市立第四中学校・国語科中村光佑教諭指導，金子慈美学校司書支援の授業

2 国語科 ブックトークをしよう （4時間または5時間扱い）

場所：学校図書館　　T1：国語科教諭　　T2：学校司書

めあて あるテーマで何冊かの本を紹介する**ブックトークの意義と方法を知り，効果的に伝えられる**ようにする。

●**準　備** ブックトークシナリオ用紙（p.91），相互評価用紙（p.35），予約カード，本を立てるイーゼル，ノート，付箋，プリント

・班の構成は，発表が1時間なら6～7人の班，2時間なら12～13人の班にし，1時間に6～7人発表させる。

・ブックトークの予告をして，夏休み中に学校図書館の本を読んでおくように伝えておく。

●授業の流れ

時　配	生　徒　の　活　動	支　援	備　考
1時間目 20分 30分	1. 学習計画を知る。 2. 学校司書のブックトークを聞く。 3. ブックトークの方法と効果を考えて発表する。 4. ブックトークのテーマの決め方を理解する。	1. 学習計画を伝える。（T1） 2. 学校司書がブックトークをする。（T2） 3. ブックトークの方法と効果について考えさせ，発表させる。（T1） 4. テーマの決め方を伝える。（T1） 　・1冊の本から広げる方法と，テーマを決めてから本を選ぶ方法を伝える。（T2）	ブックトークの本 ブックトーク例（p.90参照） 本を立てるイーゼル3個 板書する
2時間目 40分 10分	1. 学校図書館でブックトークをする本を2冊選んで読む。 2. 選んだ本を，紹介する順序を考えて，ノートに書いておく。	1. 本を2冊選ばせる。（T1） 　・9類（文学）以外の本も入れさせる。 　・本を選べない生徒に助言する。（T1）（T2） 2. 選んだ本をノートに書き，借りさせる。 （T1）	 ノート
夏休み後			
3時間目 50分	1. ブックトークのシナリオの書き方を理解する。 2. ブックトークのシナリオを書く。	1. ブックトークの作り方のポイントを説明して，シナリオを書かせる。（T1） 　・書けない生徒に助言する。 　・本の中で詳しく紹介する箇所には付箋を貼らせる。（T1）（T2） 　・各自で練習しておくよう伝える。（T1）	プリント **シナリオ用紙** 付箋
4時間目 または， 5時間目 45分 5分	1. 本時のめあてを確認する。 2. 各班，ブックトークをする。 　・原稿は見ないで聞き手の顔を見て，はっきりと話す。 　・聞き手はよく聞き，話しやすい雰囲気にし，質問や感想を述べる。**相互評価用紙**に記入する。 3. 読みたい本を予約する。	1. 本時のめあて"聞いている人が読みたくなるブックトークをしよう"を伝える。 2. 各班でブックトークをさせる。（T1） 　・司会者に進めさせる。 　・話し方，聞き方を意識させる。 　・ブックトークの本を見せて話し，終了後聞き手に見えるようにイーゼルに置かせる。 　・相互評価を書かせる。 3. 希望者に**予約カード**に記入させる。（T2） 4. 授業全体のまとめを話す。（T1）	本を立てるイーゼルを各班に2個ずつ 相互評価用紙 予約カード

●評　価

・ブックトーク作りに意欲的に取り組み，聞き手によく伝わるように話すことができたか。
・ブックトークをしっかり聞き，本を借りたり予約したりする行動が見られたか。

●授業のポイント

・授業のねらいについて，教諭と学校司書と打ち合わせて，学校司書は生徒にわかりやすいテーマでブックトークを行う。
・全員がブックトークの本を探し，シナリオが書けるように教諭と学校司書が個別支援をする。

●学校図書館を活用した授業の効果

・「ブックトークに向けて，本を読まなければいけない」と思わせる動機付けとなる。
・日頃，あまり発表をしない生徒も，生き生きとブックトークをすることができる。
・友達のブックトークを聞いて本を読む意欲が高まり，本を手に取る生徒が増える。
・ブックトークを通して，友達への理解が深まる。

◆プリント

ブックトーク 10 のポイント！

１．紹介したいページには付箋を貼ってすぐ開けられるように。
２．挿絵を使う場合は拡大して，みんなに見えるように示す。
３．語りかけるように始める。　○「皆さん〜を好きですか？」
４．本のつなぎにひと工夫。　○「今度の主人公は星から来た男の子です。」
５．物語は，時代，場所，登場人物を早めにはっきりさせる。
６．物語の本のキーワードは，「**ところが**」。
７．物語の結末は言わない。
８．印象的な場面や言葉を詳しく話す。
９．物語以外の本のキーワードは「**例えば**」。具体的に詳しく話す。
10．自分の意見の主張ではなく，本の内容を紹介する。

予約カード　　　月　　　日
　　　　　　年　　組　　番　　氏名〔　　　　　　　　　　　　　〕

書名

＊予約した本を借りる順番が来たら，図書委員がお知らせするので速やかに借りに来てください。

※参考：千葉県柏市の中学校で，国語科内山廣子教諭が実践された授業

3

社会科・2年生　近世：産業の発達と幕府政治の動き

江戸のエコ生活を調べよう （8時間扱いの8時間目）

場所：学校図書館　　T1：社会科教諭　　T2：学校司書

めあて　江戸時代に行われてきたエコ生活（地球環境と資源を守る生活）を参考に，**現代社会で実現できるエコの視点について考え，発表する。**

●**準　備**　ワークシート，タブレット PC
　　　　・江戸時代のエコ生活に関する本を一人につき 2 冊以上用意し，必要箇所に付箋をつけ，2 台のブックトラックに分けて置く。
　　　　・WEB 情報を調べておく。

●**授業の流れ**

時　配	生　徒　の　活　動	支　援	備　考
5分	1. 本時のめあてを知る。	1. 本時のめあてを伝える。（T1） ・紙くずを例に挙げ，エコの視点について考えさせる。	
15分	2. 江戸のエコ生活に関する情報を収集し，**ワークシート**に記入する。	2. 江戸のエコ生活に関して，本とタブレット PC を使って情報を収集し，ワークシートに記入させる。（T1） ・本とタブレット PC の活用方法，参考文献の記入方法を伝える。（T1） ・適切な情報を収集できるように支援する。（T2）	ワークシート 江戸時代のエコ生活に関する本 タブレット PC
10分	3. 班の中で発表することで，情報を共有し，代表者を決める。	3. 班の中で調べたことを発表させる。（T1） ・相手に伝わるように話させる。 ・班の代表 1 名を決めさせる。	
10分	4. 班の代表者が発表する。	4. 各班の代表者に前で発表させる。（T1） ・些細なことでも環境改善に結び付く視点を持たせ，自分の住む地域をより良くし，将来の実現をめざす，キャリアプランニングの能力を高めさせる。	
10分	5. 各班の発表を参考にして，自分たちの地域で何ができるか考えて**ワークシート**に記入する。	5. 本時をふりかえり，まとめさせる。 ・授業冒頭の紙くずを例に，自分たちの生活をふりかえり，江戸のエコ生活の中で活用できることを考えさせる。（T1）	

●**評　価**

・課題に対して，本とタブレット PC を活用して，課題を探究できる資料を選択できたか。
・調べたことをもとに，グループで考え，発表することができたか。
・自分たちの地域の環境を守る方法について，ワークシートに記入できたか。

●授業のポイント

・教諭と学校司書と，学習内容の共通理解を図り，収集した資料を教諭が確認する。

・限られた時間内で資料を調べられるように，事前に学校司書が本の該当箇所に付箋をつけ，タブレット PC で調べやすいように参考となる WEB ページを提示する。

●学校図書館を活用した授業の効果

・本やタブレット PC を用いて，自分で情報を探すので，意欲的に取り組むことができる。

・あらかじめ学校司書が本に付箋をつけて，WEB 情報も集めてあるので，短時間に必要な情報を捉える課題解決能力が高められる。

◆ワークシート

江戸のエコ生活

2年　　組　　番　氏名〔　　　　　　　　　　　　　〕

1．本やタブレット PC を使って，「江戸のエコ生活」について調べよう！

調べてわかったこと

参考資料

2．私たちの地域を守ろう！

友達の発表を参考に，江戸時代のエコ生活の視点で，現在使えることは？

その結果，どうなる？

※参考：東京都荒川区立第三中学校・社会科浅香潤一教諭指導，西岡薫学校司書支援の授業

4 福祉の課題について考えよう （4時間扱い）

場所：学校図書館　　T1：社会科教諭　　T2：学校司書

めあて 現代の日本の福祉の課題に関心を持ち，本やインターネットから情報を集めて整理し，**問題点や解決策を論じることができる。**

●**準　備** 中学生に読みやすい福祉に関する本（人数分），公的な機関のパンフレット，情報カード（p.35），レポート用紙，新聞の切り抜き（学校司書が事前に切り抜いておく。または，生徒各自に収集させておく），掲示用「レポートの構成」，タブレット PC
・授業の前に，福祉に関するテーマを提示しておき，各自どのテーマにするか決めておく。

●**授業の流れ**

時 配	生 徒 の 活 動	支 援	備 考
1時間目 10分	1. 本時のめあてを知る。 ・レポートを書くことに意欲を持つ。	1. 本時のめあてを伝える。（T1） ・福祉に関するテーマを挙げて，関連する本をもとに，レポートを書くことを伝える。この学習は，今後の高校，大学の学習につなげる準備であることを伝え，意欲を持たせる。 ・教科書の例文を読み，「問題点」「解決への方法」を調べ，それをもとに，自分の意見を書くことを伝える。	教科書 情報カード 情報カードの書き方(p.87参照)
	2. 福祉に関する本について知る。	2. 福祉に関する資料の分け方，情報カードの書き方を説明する。（T2） ・引用と出典について説明する。	福祉に関する本 パンフレット
40分	3. 自分のテーマに関する本を見つけて，**情報カード**に記入する。	3. 各自のテーマの本を選ばせて情報カードを書かせる。（T1） ・探せない生徒に助言する。(T1)(T2)	新聞の切り抜き 出典の書き方 (p.88 参照)
2時間目 50分	1. 本時のめあてを知り作業を進める。 ・タブレット PC も使い，**情報カード**を書く。	1. 本時のめあてを伝え進めさせる。(T1) ・インターネットの情報も加えて情報カードを書くことを伝える。 ・生徒に，個別支援をする。(T1)(T2)	タブレット PC インターネット情報(p.89参照)
3時間目 4時間目 50分	1. 本時のめあてを知る。 ・情報カードを並べ，レポートの構想を考える。 ・「レポートの構成」を見ながら書き進める。 2. レポートを完成させ，出典を書く。	1. 本時のめあてを伝える。（T1） ・情報カードを論拠に，レポートを書くことを伝える。 ・掲示した「レポートの構成」を見せながら，構成を説明する。最後に必ず出典を書くことを伝える。 ・書き出しの文例をいくつか示す。 2. レポートを完成させる。	レポート用紙 「レポートの構成」掲示

＊時間がとれれば，班の中で発表させてから，廊下に掲示する。

●評　価

・現代の日本の福祉の課題に関心を持ち，積極的に調べることができたか。

・本やインターネットから情報を集めて整理し，問題点や解決策を論じることができたか。

●授業のポイント

・学習する時期は，中学校3年生，3学期終了近くにあたるため，「今後の高校，大学での学習に向けて，レポートの書き方，論旨のまとめ方を知る」ということを伝え，意欲を持たせる。

・本，インターネット，パンフレット，新聞，雑誌などの情報を複数組み合わせて，論拠をもとに意見を書くという形式に慣れさせる。

・レポートは，廊下に掲示して学年，他学年の生徒も見られるようにすることをあらかじめ伝えておく。

・社会科教諭と学校司書は事前によく打ち合わせて，テーマに合った本や資料を生徒の人数分以上，準備しておく。

・本，パンフレット，新聞の切り抜きは，生徒の必要に応じて，コピーして学習させることも想定しておく。

・「レポートの構成」を大きく掲示するか，手元に配布するかして，生徒がレポートの構成を知って進められるようにする。

●学校図書館を使った授業の効果

・テーマに対してあらかじめ本を準備しておくので，資料がなくて進まないということがなくなり，時間を効率よく使えるようになる。

・1冊の本を読みながら，さらに詳しく知りたいことについて，百科事典やデータが出ている本などを見て広げられるようになる。

・学校司書が，出典の書き方を説明し，また，資料が探せない場合は支援をするので，担任が一人で授業を進めるよりも効率的である。

◆掲示用「レポートの構成」

レポートの構成

序論	調べたテーマの問題点を書く。
本論	①情報カード1 ②情報カード2 ③情報カード3 ｝調べた事実を書く。
結論	本論のまとめと自分の意見を書く。

出典：著者名『本の題名』出版社，出版年

※『中学社会　公民　ともに生きる』(教育出版，2015年)，第5章「福祉の課題を追求しよう」をもとに授業案を作成

5 様々な数学の定理について調べよう (1時間扱い)

場所：学校図書館　　T1：数学科教諭　　T2：学校司書

めあて 定理の発見やその後に応用された内容，生活のどこで生きているか，などについて知り，まとめて発表することができる。

●**準　備** 本（1つのテーマについて3～5冊用意しておく），机上に置けるホワイトボード，水性の黒ペン，ワークシート

・1班，5人ぐらいに班分けをしておく。

●授業の流れ

時　配	生 徒 の 活 動	支　援	備　考
5分	1. 本時のめあてを知る。	1. 本時のめあてを伝える。（T1） ・見本として，円周率について教師が画用紙に例を書いておき提示する。調べる内容は，2年生以上で学習する内容であることを伝える。	
	2. 班で調べるテーマを決める。	2. 次頁のような5つの定理や数学的なトピックスを用意し，そこから班で1つ決めさせる。（T1）	
15分	3. 調べるテーマの本を読んで，**ワークシート**に書く。	3. 本を読んでわかったことをワークシートにまとめさせる。（T1） ・資料の出典を書くことを簡単に説明し，作業中は，出典を書けるように支援する。（T2）	本 ワークシート
10分	4. 班ごとにホワイトボードにまとめる。	4. 各班でホワイトボードに書かせる。（T1） ・3分で発表できるようにまとめさせる。文字は，全員に見えるように大きく書き，黄金比，数列を選んだ班は，式を書くように伝える。	ホワイトボード 水性の黒ペン
17分	5. 班代表が，ホワイトボードを全員に見せながら発表する。班員は，発表者が詰まった時に助ける。	5. 班ごとに発表させる。 ・調べていない定理やトピックスについては，ワークシートにメモをとらせる。	
3分	6. 本時のふりかえりを**ワークシート**に書く。	6. 本時のまとめをする。 ・今回使った本のコーナーを作っておくことを知らせる。（T2）	

●評　価

・担当した定理やトピックスについて，調べることができたか。

・発表を聞きながら，他の班が調べたテーマについて自分のワークシートにメモが書けたか。

●授業のポイント

・事前に授業者と学校司書がよく打ち合わせをして必要な本を集めておく。

・数学を苦手とする感覚を少しでもなくせるように，数の神秘，美しさに触れられる定理やエピソードが掲載されている，中学1年生に理解できる内容の本を集める。

●学校図書館を活用した授業の効果

・「数学の内容に興味をもてた」という感想が多く聞かれ，この後の教室での数学の授業でも前向きな態度が見られるようになる。
・学校図書館にある自然科学領域の本への関心が高められる。
・班での探究的な学習の経験を積ませることで，その後，数学の学習で，班の学習を行う場合の抵抗が少なくなる。

◆ワークシート　＊以下の形式の枠で，5つのテーマを書き，最後に感想を書く欄を設ける。

---

1. 古代の数学者アルキメデスは，王様から「職人に金の王冠をつくらせたが，その職人はケチで有名なので，もしかして，ばれないように金以外の金属を混ぜて王冠を作ったかもしれない。王冠をこわさずに調べる方法はないか？」と相談された。この話について調べ，アルキメデスがどう解決したかまとめよう。

出典：書名「　　　　　　　　　　　　　　　　　　　　　」

　　　　出版社名「　　　　　　　　　　　」　　著者「　　　　　　　　　　　」

＊発表しない定理についても記録できるように，以下の2～5も，1と同様の枠にして続けて印刷し，配付する。

---

2. 古代エジプトでは数学が盛んだったが，今と同じ数字を使っていなかった。古代エジプトで使われていた数字を調べ，「123＋456＝579」を古代エジプト風に表してみよう。

---

3. 数学にはいろいろな「定理」とよばれる性質がある。そのなかに「ピタゴラスの定理」と呼ばれるものがある。どのような内容か調べ，図や式を使って説明しよう。

---

4. 数学では規則性を調べる分野がある。そのなかに「フィボナッチ数列」という内容がある。この「フィボナッチ数列」が植物や身の回りの現象のどこに隠されているか調べよう。

---

5. 昔から，芸術で「美しい」といわれるものには「黄金比」と呼ばれる比率が使われることが多い。この「黄金比」について調べ，どのようなものに黄金比が隠れているか調べよう。

※参考：鳥取県米子市立湊山中学校・数学科田中慎一教諭指導，広瀬ゆう子学校司書支援の授業

数学科

6 数学の本を読んで紹介しよう （2時間扱い）

場所：学校図書館　　T1：数学科教諭　　T2：学校司書

めあて　中学生向きの数学の本を読んで，**興味を持ったことを紹介することができる。**

●**準　備**　中学生が読める数種類の数学の本（それぞれ班全員に行きわたる冊数）とその一覧表，拡大した図や絵，A5サイズの方眼紙，四つ切画用紙，付箋，水性ペン，糊

●授業の流れ

時　配	生 徒 の 活 動	支 援	備 考
1時間目 20分	1. 授業の流れを知る。 ・紹介されたことを聞きながら，数学の本に興味を持つ。	1. 授業全体の流れを伝える。(T1) ・学校司書が集めた数学の本の中から，生徒が興味を持ちそうな図や絵を使って内容を紹介する。 ・図や絵を拡大コピーしておく。 ・各班で1冊の本を読み，その本のおもしろいところを紹介することを伝える。	数学の本 拡大した図や絵
	2. 数学の本は4類の棚，日本十進分類法「410」にあることを知る。	2. どんな本があるのか簡単に紹介する。 　　　　　　　　　　　　　(T2) ・後で借りられるように，数学は「410」で，学校図書館のどこにあるか伝える。	
10分	3. 本を手に取り，班でどの本にするか相談する。	3. 班ごとに本を選ばせる。(T1) ・同じ本を複数の班が選んだらジャンケンをさせる。	一覧表(次頁)
15分	4. 興味のある箇所に付箋を付けながら読む。	4. 本を読むように指示する。(T1)	付箋
5分	5. 読みかけの本を借りる。 ・次回まで，関心の持てる箇所を読んでおく。	5. 貸し出し手続きをする。(T2)	
2時間目 10分	1. 班の中で，興味を持った箇所を紹介し合う。	1. 班の中で，興味を持った箇所を話し合う時間を設定する。	
40分	2. 班の中で，内容が重ならないように相談して，各自で興味を持った箇所を1例**方眼紙**に書く。	2. 一人1枚，方眼紙を渡し，班で相談して，興味を持った箇所を1例ずつ書かせる。	方眼紙
	3. 画用紙に書名，著者，出版社を書き，記入した方眼紙を貼る。イラストなどを描いて仕上げる。	3. 四つ切画用紙に，レイアウトを考えてから，水性ペンで書名，著者，出版社を書き，方眼紙を貼ることを伝える。 ・余白にイラストや吹き出しを描かせる。	四つ切画用紙 水性ペン 糊

44

●評　価
・数学に関する内容が書かれた本に興味関心を持つことができたか。
・本に書かれていることの中から，1例を紹介することができたか。

●授業のポイント
・この授業は，1学級のみ，または，少人数での数学の指導を想定している。
・学校司書は，これまでの生徒の関心の持ち方などをもとに，幅広く数学に関する本を集めるようにする。
・本の全てを読むのではなく，興味を持ったところを中心に読むことを伝える。

●学校図書館を活用した授業の効果
・これまで，数学に興味を持ちにくかった生徒が数学のおもしろい一面を理解するようになる。
・教科書で学習するのとは一味違う数学のおもしろさに気づけるようになる。
・物語ではない本に関心を持ち，読書の幅が広がる。

◆本を選択する際に，見せる一覧表の例

『書名』　著者	内容紹介	難易度
『騙しのテクニック―数学トリックの世界』　仲田紀夫著	数学を使ったトリックなど，いろいろな話題が書いてある。	☆ ☆ ☆

＊難易度は5段階。☆の数で表しています。

※参考：千葉県立松戸高等学校・数学科教諭指導，田實智子学校司書支援の授業。中学生向きの数学の本で行えます。

7 惑星の自己紹介をしよう （3時間扱い）

場所：学校図書館　　T1：理科教諭　　T2：学校司書

めあて　1つの惑星に関心を持って特徴を調べ，発表を聞いて**他の惑星についての知識も習得する**。

● **準　備**　惑星が出ている本（人数分以上），ワークシート，台紙（模造紙半分の大きさ，または四つ切画用紙），プリント，タブレットPC，色鉛筆，糊，サインペン，地球を紹介した作品（なければ，教諭が書く）
　　・WEB情報を調べておく。

●授業の流れ

時　配	生　徒　の　活　動	支　援	備　考
1時間目 15分	1. 本時のめあてを知る。	1. 本時のめあてを伝える。（T1） ・惑星の自己紹介をどのようにするか地球を例に示す。	これまでの作品または，教諭が書いた例
	2. 調べる惑星のレポート内容を班の中で決める。	2. 班で調べる惑星をくじ引きで決め，班の中で調べることを分担させる。（T1） ・プリントを見せて説明し，決めさせる。	プリント
30分	3. 調べる惑星の本，WEB情報を検索し，**ワークシート**に記入しながらまとめる。	3. 分担したことが出ている本，WEB情報を検索させる。 ・ワークシートにまとめることを伝える。（T1） ・出典も書かせる。 ・資料を見つける支援をする。（T2）	ワークシート （次頁右下の解説参照） 惑星が出ている本
5分	4. 本時をふりかえり，次時の予定を知る。	4. 本時のまとめと次時の予告をする。（T1） ・次はワークシートを仕上げて，班で1枚のポスターにすることを伝える。	タブレットPC
2時間目 30分	1. **ワークシート**を完成させる。	1. 本，WEB情報を検索させて，ワークシートを完成するように伝える。（T1）	本 タブレットPC
20分	2. 班で話し合って，ワークシートを貼り合わせて，ポスターを完成させる。	2. 完成したワークシートを貼り合わせて，班で調べた惑星の自己紹介の形式にまとめさせる。	台紙 色鉛筆，糊 サインペン
3時間目 40分	1. 班ごとに発表をする。 ・各自調べてわかったことを1分程度にまとめて話す。 ・他の班の発表を聞きながらメモを取る。	1. 班ごとにポスターを提示し，調べた惑星の発表をさせ，情報の共有を図る。（T1） ・発表のポイントをメモしながら聞くことで，惑星に関する知識を習得させる。	仕上がったポスター
10分	2. 惑星に関するまとめの話を聞く。	2. 惑星の学習のまとめの話をする。	

●評　価
・積極的に，調べる惑星に関する情報を収集することができたか。
・班の中で相談して，わかりやすいポスターにまとめることができたか。

●授業のポイント
・惑星を人にたとえて，自己紹介するという方法で，楽しみながら取り組ませる。
・早めに学校司書に伝えて，本，新聞などを集めておいてもらう。

●学校図書館を活用した授業の効果
・自分が調べた1つの惑星に詳しくなると，他の惑星にも関心を持てるようになる。
・定期テストでは，惑星に関する問題の正答率が高くなる。

◆プリント

惑星の自己紹介をしよう

　太陽系の8個の惑星のうち，各班1つの惑星について，自己紹介レポートを作り，貼り合わせて1枚のポスターにします。次の4つの分担を決めましょう。

　レポート1　　　惑星の住所→地球からの距離，太陽からの距離）
　　　　　　　　　惑星の外見→大きさ，見た目，質量，動き（公転，自転，軌道）
　レポート2　　　惑星の内面→成分，温度，内部構造など
　レポート3，4　自己アピール→名前の由来，衛星の存在，地形，生命，歴史，最先端の
　　　　　　　　　　　　　　　　発見，豆知識など

　＊できるだけ絵を描いてください。また色を付けて見やすくしましょう。
　＊廊下に掲示するので，ペンを使って見やすい字で書きましょう。鉛筆の場合は，濃く書くこと。

◆ポスターの例

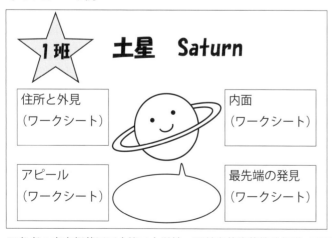

　ワークシートは，白紙（A4の半分くらい）に氏名と出典を書く欄だけを指定し，各自で工夫して書かせる。台紙に班全員のワークシートを貼り合わせて，その余白にその惑星をイメージするイラストなどを協力して描かせる。左の例は土星。

　掲示する際は，3年生の各学級から同じ惑星のポスターを集めて掲示して，各惑星の特徴を印象づけるようにする。

※参考：東京都荒川区立第三中学校・理科斉藤隆薫教諭指導，西岡薫学校司書支援の授業

8 理 科
自由研究のテーマを決めよう （1 時間扱い）

場所：学校図書館　　T1：理科教諭　　T2：学校司書

めあて　夏休みの自由研究の**方法とテーマに関心を持って，選ぶことができる。**

●準　備　自由研究に関する本（公共図書館で借りた本も含めて，分野別に机上に分けて並べ
ておく），プリント，ノート

●授業の流れ

時　配	生 徒 の 活 動	支　　援	備　考
10分	1. 本時のめあてを知る。	1. 本時のめあてを伝える。(T1)	プリント
		・プリントを配付し，自由研究の方法には，科学論文の部と科学工夫作品の部があることを説明する。	
	2. 自由研究の本に関心を持ち，本の分類を知る。	2. 自由研究の本について簡単に説明する。(T2)	
		・後で調べられるように，どの分類で，学校図書館のどこにあるか伝える。	
20分	3. 本を調べる。	3. 自由研究の本を読ませる。(T1)	自由研究の本
	・科学論文，科学工夫作品のどちらを最初に見るか決めて，移動して読む。	・机間指導をしながら，生徒の質問に答えて，気づいたことを助言する。(T1)	
	・友達と意見の交換をしたり，先生に質問をしたりしながら，自由研究のテーマを探す。	・本を探せない生徒に助言する。(T2)	
15分	4. ノートに記入する。	4. ノートに記録するように指示をする。(T1)	ノート
		・夏休みに実際に使えるように，ノートに実験方法や参考資料を詳しく記入させる。	
		・迷っている生徒には，他の本を紹介して，希望する本を一緒に探す。(T2)	
5分	5. 本時をふりかえる。	5. 本時のまとめをする。(T1)	
		・できあがった作品は，校内に展示し，市のコンクールに出品することを伝える。	

●評　価
・積極的に本を手に取って，自由研究のテーマや方法について考えたか。
・ノートに，関心のある自由研究の方法，テーマを書くことができたか。
・ノートを参考にして，夏休みに，自由研究に取り組むことができたか。

●授業のポイント
・同時期に他の学校も公共図書館から借りるので，あらかじめ年度当初に購入しておく。

・自由研究の本を早めに公共図書館から借りておき，どの本が見やすいか，ねらいに合っているか教諭と学校司書が確認しておく。
・これまでの自由研究の作品を提示し，また，今後に向けてもよくできた作品をコピーし，工作は，写真を撮って保管しておく。その際，今後，良い例として提示してよいか，氏名を書いておいてよいかを生徒に確認しておく。

●学校図書館を活用した授業の効果
・学校司書が，授業前にテーマごとに本を分類して用意し，調べやすくしたので，生徒が書架で本を選ぶ時間が短縮できて，その分，調べる時間を確保することができる。
・学校図書館で授業を行うことで，生徒が学校図書館を自主的に利用するきっかけとなる。

◆プリント

夏休み自由研究について　☆自分で実験・観察し，自分の言葉でまとめる。

◇科学論文の部
(1)　表紙
　・研究テーマ　　　・学年　　　・学級　　　・出席番号　　　・氏名
(2)　本文
　①　研究の動機：なぜこの研究のテーマを選んだのか，きっかけを書く。疑問に思ったことや，興味を持ったことを具体的に書く。
　②　研究の目的：研究でどんなことを知りたいのか，ねらいを簡潔に書く。
　③　予想：どんな結果になると考えるか，具体的な理由を入れて自分の意見を書く。
　④　準備：必要な器具や材料，実験を進めていく計画を書く。
　⑤　研究の方法：実験や観察の方法について，図を入れてわかりやすく書く。
　⑥　研究の結果：測定データや観察記録をグラフ・表・写真などを使ってわかりやすくまとめる。実験途中で見られた変化も詳しく記録しておく。
　⑦　研究の考察：グラフや表を基に分析，解釈し，研究の結果からはっきりと言えることだけを書く。文献調査をして，自分の結果と比較する。
　⑧　研究の結論：研究したこと全体から言えることを自分の表現でわかりやすく書く。
　⑨　反省と発展：研究を振り返り，気が付いたことや，さらにやってみたいことを書く。
　⑩　参考資料：

◇科学工夫作品の部
　①　作品と共に，解説レポートを提出する。
　②　大きさは，縦，横，高さ計1m以内。重さは20kg以内。
　③　共同研究は，3名以内。その場合，全員が解説レポートを書いて提出する。

※参考：千葉県鎌ケ谷市立第五中学校・理科中泉聡史教諭指導，金子慈美学校司書支援の授業

9 音楽科・1年生

日本の伝統楽器を調べよう （2時間扱い）

場所：学校図書館　　　T1：音楽科教諭　　　T2：学校司書

めあて　日本の伝統楽器に関心を持ち，調べてまとめることができる。

●**準　備**　ワークシート（同じ形式2枚），タブレットPC

・箏，篠笛，尺八，琵琶，三味線，長胴太鼓，締太鼓が出ている本を集めておく。

・これらの楽器を紹介しているWEBページを検索しておく。

●授業の流れ

時　配	生徒の活動	支　援	備　考
1時間目 15分	1. 本時のめあてを知る。	1. 本時のめあてを伝える。（T1） ・以前に学習した「日本の民謡，芸能」の授業を振り返り，ソーラン節のDVDを見せて楽器に注目させた後，教科書の日本の伝統楽器の写真を見せて，関心を持たせる。	教科書
	2. 調べたい楽器を1つ決める。	2. 調べる楽器を決めさせる。（T1） ・①箏，②篠笛，③尺八，④琵琶，⑤三味線，⑥長胴太鼓，締太鼓の6つの中から選ばせる。	
35分	3. 調べる楽器の出ている本とWEB情報を見つけて読み，**下書き用ワークシート**に記入する。	3. 関心のある楽器について，本とWEB情報を探して読ませる。（T1） ・調べることは①歴史について，②楽器の仕組み，奏法，③この楽器が使われている場所，場面の3つのどれかに絞らせる。 ・調べたことは下書き用ワークシートに記入することを伝える。（T1） ・出典の書き方を簡単に説明する。（T2） ・本やWEB情報を探す支援をする。（T2）	本 タブレットPC 下書き用ワークシート
2時間目 50分	1. 自分の調べる楽器の情報を加えながら，**ワークシート**を完成させる。	1. 調べたことを掲示用ワークシートにまとめることを伝える。（T1） ・出典を書かせる。遅れがちな生徒に助言し，資料を紹介する。（T1）（T2）	本 タブレットPC 掲示用ワークシート

●評　価

・自分が調べる楽器について積極的に情報を収集し，作業が進められたか。

・一番伝えたいこと，みんなに伝えたいこと，調べてわかったこと，出典を書けたか。

●授業のポイント

・学校司書が事前に本を集め，適切なWEB情報を検索しておくので，資料が十分にある。

・調べる楽器，観点を示すことによって，限られた時間で調べることができる。

●学校図書館を活用した授業の効果

・自分で調べる楽器への関心が高まり，演奏を聴いてみたいという意欲づけとなる。

・楽器の仕組みや奏法を知ることで，実際に楽器に触れてみたいという関心が高まる。

◆ワークシート

日本の伝統楽器

年　　組　　番　氏名〔　　　　　　　　　　　　　〕

楽器名	
調べること	
調べてわかったこと	
みんなに知らせたいこと，へえ〜と思ったこと	
何を一番伝えたいか	
参考資料	

＊楽器名欄の□□□には，楽器のイラストを描かせる。調べることは「授業の流れ　1時間目　支援3」
　　の①〜③の内容を書かせる。

※参考：東京都荒川区立第三中学校・音楽科榎本秀子教諭指導，西岡薫学校司書支援の授業

10 日本の舞台芸術を調べよう （2時間扱い）

場所：学校図書館　　T1：音楽科教諭　　T2：学校司書

めあて 日本の舞台芸術に関心を持ち，調べてまとめることができる。

●**準　備** ワークシート，新聞形式のワークシート（マス目のある用紙），タブレットPC

・歌舞伎，文楽，能，雅楽が出ている本を集めておく。

・これらの伝統文化を紹介しているWEBページを検索しておく。

●授業の流れ

時　配	生 徒 の 活 動	支　援	備　考
1時間目 15分	1. 本時のめあてを知る。	1. 本時のめあてを伝える。（T1） 　・教科書の日本の舞台芸術の写真を見せて，関心を持たせる。	教科書
	2. 調べたい舞台芸術を1つ決める。	2. 調べる舞台芸術を決めさせる。（T1） 　・①歌舞伎，②文楽，③雅楽，④能の4つの中から選ばせる。調べる項目はワークシート参照。	
35分	3. 調べる舞台芸術の情報が出ている本とWEB情報を見つけて読み，**ワークシート**に記録する。	3. 調べる舞台芸術について，本とWEB情報を探して読ませる。（T1） 　・出典の書き方を簡単に説明する。（T2） 　・本やWEB情報を探す支援をする。（T2）	本 タブレットPC ワークシート
2時間目 50分	1. 本やWEB情報を加え，イラストを描きながら，**新聞形式のワークシート**にまとめる。	1. 調べたことを新聞形式にまとめさせる。（T1） 　・自分が発見したみんなに知らせたいことが伝わるように書かせる。	本 タブレットPC 新聞形式のワークシート

●評　価

・自分が調べる日本の舞台芸術について積極的に情報を収集し，作業が進められたか。

・みんなに伝えたいことを新聞形式で見やすくまとめることができたか。

・4つの舞台芸術について教科書とDVDを使ってまとめる時間を設け，学年末考査に出題する。

●授業のポイント

・学校司書が事前に本を集め，適切なWEB情報を検索しておくので，資料が十分にある。

・調べる舞台芸術，項目を示すことによって，限られた時間で調べることができる。

・新聞形式のワークシートは，見出し，イラストの位置などの割り付けを決め，マス目に合わせて書かせるため，全員が見やすい新聞を完成させることができる。

●学校図書館を活用した授業の効果

・自分で調べる舞台芸術への関心が高まり，実際に観てみたいという意欲づけとなる。

・日本の伝統的な舞台芸術についての知識を得ることができ，日本の良さがわかるようになる。

◆ワークシート

日本の舞台芸術を調べよう

年　　　組　　　番　氏名〔　　　　　　　　　　　　　〕

◇次のことを分担して調べよう

1．歌舞伎　①　長唄と黒御簾音楽
　　　　　　②　舞台　（まわり舞台，花道，せりなど）
　　　　　　③　役者の衣装，化粧
　　　　　　④　歌舞伎で好まれる物語，題目など

2．文楽　　①　文楽の人形のしくみ，人形遣い
　　　　　　②　舞台　（立体的に見せる工夫など）
　　　　　　③　義太夫　（大夫，三味線など）
　　　　　　④　文楽で上演される物語，題目など

3．雅楽　　①　舞楽
　　　　　　②　管弦
　　　　　　③　雅楽がよく演奏される所（宮内庁，明治神宮，鶴岡八幡宮など）
　　　　　　④　楽人

4．能　　　①　舞台
　　　　　　②　能面，能楽師
　　　　　　③　はやし，地謡
　　　　　　④　狂言

　＊8人班は各項目2人，9人班は各項目2〜3人で割り振ってください。

◇調べたことを記録しよう

舞台芸術名	項　目
調べてわかったこと	
みんなに知らせたいこと，へえ〜と思ったこと	
何を一番伝えたいか	
参考資料	

※参考：東京都荒川区立第三中学校・音楽科榎本秀子教諭指導，西岡薫学校司書支援の授業

（ 美術科・2年生 ）

切り絵を使ったランプシェードを作ろう（8時間扱い）

場所：美術室（本を学校図書館から運んで授業）　※学校司書は本の準備を支援

めあて
・光の効果を生かし，切り絵の本を参考にしながら，**表現する楽しさに気づき，進んで制作する**。
・表現したい世界のイメージを持ち，試作を重ねて，**画面の構成や配色について考える**。
・友達が作っているイメージや形，色などの**工夫を感じ取り，表現に生かす**。
・切り絵の特徴を理解して，**カッターナイフを適切に用いながら，制作を進める**。

●**準　備**　個人で制作できるように切り絵の本（人数分以上），学習カード（毎時間最後に記入する），両面折り紙，和紙，ハサミ，カッターナイフ，カッター板，ラミネートフィルム，ラミネーター，タッチライト

●**授業の流れ**

過程	主な学習活動	時間	教師の具体的な働きかけ	備考
動機付け・発想	1.制作手順を理解する。 ・切り絵の紙の折り方 ・ハサミの入れ方 2.切り絵作りにチャレンジする。	1時間	1.切り絵を使ったランプシェードを作ることを伝える。 2.基本的な切り方の説明をする。 ・光や素材の持つ効果を生かした明かりを制作する意図と，手順を理解させる。	教科書 切り絵の本 両面折り紙 ハサミ **学習カード**
表現	1.切り絵の制作をする。 ・本を参考に，切り絵の持つ美しさ，幾何学模様をイメージしながら制作を進める。 ・慎重にカッターナイフで切り取って，大・中・小の切り絵を制作する。	4時間	1.個人差に応じて，単純な形，複雑なものなど，切り込みを入れながら，形の美しさを感じ取ることができるようにする。	切り絵の本 両面折り紙 和紙 ハサミ カッターナイフ カッター板 学習カード
表現	1.参考作品の明かりを鑑賞する。	0.5時間	1.様々な明かりの放つ光の効果に気づかせ，今後の制作の見通しを持たせる。	完成作品 タッチライト
表現	1.明かり（シェード）の制作をする。 ・ラミネートフィルムの中に，切り絵を入れて構成する。 ・ラミネーターで貼り合わせる。	0.5時間 1時間 0.5時間	1.自分のイメージする光の効果を生かした制作をさせる。 ・明かり（シェード）の形状などを考えさせる。	ラミネーター，ラミネートフィルム 両面折り紙 ハサミ，カッターナイフ，カッター板 学習カード
鑑賞・評価	1.自分の作品についてふりかえる。 2.友達の作品を鑑賞する。 3.グループの代表が発表する。	0.5時間	1.発表前に作品のイメージを書かせておく。 2.グループ内で発表会を行わせる。 3.代表者にグループの発表をさせる。	学習カード

●評　価

・切り絵の本を活用しながら，光の効果を生かし，表現する楽しさに気づき，意欲的に制作できたか。

・表現したい世界のイメージを持ち，試作を重ねて，画面の構成や配色を考えて取り組めたか。

・友達どうしでお互いの作品の良さを感じ取り，表現に生かすことができたか。

・切り絵の特徴を理解して，カッターナイフを適切に用い，安全に制作を進めることができたか。

●授業のポイント

・学校司書に早めに連絡し，切り絵の本を自校の本も含め，公共図書館から借りて準備してもらう。

・切り絵の本は，種類を多くし，人数分以上の冊数を揃えてもらう。

・どんなイメージの作品作りをさせたいか，教諭は学校司書と事前に相談をしておく。

・長期にわたり本を借りておくように頼んでおく。（団体貸出期間の延長など）

●学校図書館を活用した授業の効果

・本で発想のヒントを与えることで，ストレスを感じず，一人一人の個性に合った作品を作ることができる。

・学校司書に相談することで，多くの資料を集めてもらえるので，生徒にとっても教師にとっても勉強になり，活気ある授業となる。

学習カード

	目標・活動内容	日付	今日の活動と自己評価	準備	関心意欲	態度集中	満足度
1							
2							
3							
4							
5							
6							
7							
8							

切り絵

＊ラミネーターで
　1枚に貼り合わ
　せる。

ランプシェード

※参考：千葉県柏市立柏中学校・美術科常深まゆみ教諭指導，木村裕子学校司書支援の授業

12 名画にチャレンジしよう (設定できる時間に応じて)

場所：学校図書館　　T1：美術科教諭　　T2：学校司書

めあて 名画の模写を通して名画に関心を持ち，さらに，**絵画の特徴，画家の生涯，時代背景などを知り，鑑賞を深める。**

● **準　備** 美術資料集（各自持っている），情報カード（p.87），画用紙，鉛筆，絵の具，生徒が描きたい名画とその画家について書かれた本（複数冊），まとめのワークシート，ワークシート例

●授業の流れ

時 配	生 徒 の 活 動	支　援	備　考
設定できる時間に応じて	1. 名画を決めて模写する。	1. 美術資料集の中から名画を1つ選ばせ，模写をさせる。(T1) ・生徒全員に調べる本が行きわたるように自校の図書館，公共図書館で本を揃える。(T2)	美術資料集 画用紙 鉛筆，絵の具 本
50分	1. 絵を見てから，そのワークシートの内容を読む。 2. **情報カードの書き方を知**り，模写した名画について本を読みながら記入する。	1. 1枚の絵を見せてから，その絵についてのワークシート例を配付する。 2. 模写した名画について書いてある本を読んで情報カードに書く。(T1) ・情報カードの書き方を説明する。(T2) ・1冊の本の情報だけに偏らず，複数の情報源にあたるようにさせる。(T2) ・情報を引用，要約する際に，出典を書くことを伝える。(T2)	ワークシート例 情報カード 情報カードの書き方（p.87参照）
50分	1. 情報カードを整理分析し，**まとめのワークシート**に名画の紹介を書く。 2. 友達の模写した名画を見て，その紹介を聞きながら名画への理解を深める。	1. 集めた情報カードを取捨選択し，まとめのワークシートに記入させる。足りない情報については調べる。 ・名画を自分の言葉で紹介できるようにさせる。 2. グループ内で，模写した名画を見せながら，紹介し合い鑑賞をさせる。	まとめのワークシート 各自が描いた名画の模写

●評　価

・自分で工夫して名画を模写することができたか。

・名画について調べたことを，まとめのワークシートにわかりやすくまとめられたか。

●授業のポイント

・名画を決める際は，学校図書館の本，公共図書館から借りてある本に掲載されているか，確認して決めさせる。

・学校図書館に資料がない場合は，学校司書が公共図書館に問い合わせて探す場合もある。

・美術科教諭と学校司書は事前に，授業の流れ，時間数，まとめのワークシートの記載内容について，よく打ち合わせをしておく。

●学校図書館を活用した授業の効果

・美術の授業の中に，調べ学習を取り入れることで，より深い鑑賞をすることができる。

・複数の本の資料を見比べて，多角的な見方ができるようになる。

◆まとめのワークシート

名画にチャレンジしよう

年　　組　　番　氏名〔　　　　　　　　　　　　　　〕

画家名		作品名	

画家の年表

年	主なできごと

画家の生きた時代（どんな時代）

絵の説明（具体的に描かれているものをわかりやすく説明しよう）

絵から受けるイメージ（自分の考えをわかりやすく伝えよう）

参考資料

※参考：鳥取県鳥取市内中学校・美術科田中信之教諭指導，津村玲子学校司書支援の授業

13 保健体育科・1年生

ストレスの対処方法を調べよう （1時間扱い）

場所：学校図書館　　T1：保健体育科教諭　　T2：学校司書

めあて ストレスとは何か，心の健康を保つために**ストレスにどのように対処すればよいか**考える。

●**準 備** ストレスの対処方法について書かれた本（人数分以上。人数分に不足する場合はコピーをしておく），ホワイトボード，机上に置ける小さなホワイトボード，ペン，ワークシート，タイマー，付箋
　　・事前に各自のストレスについてアンケートをとり，模造紙に書いてホワイトボードに貼っておく。
　　・読む時間，書く時間，発表する時間，まとめる時間を掲示しておく。

●授業の流れ

時 配	生 徒 の 活 動	支 援	備 考
5分	1. 本時のめあてを知る。	1. アンケートを元にストレスの例を示してから，本時のめあてを伝える。（T1） ・ストレス，ストレッサーという言葉をホワイトボードに書いて教える。（T1）	ストレスについてのアンケートをまとめた模造紙
15分	2. ストレスの対処方法について書かれている本を読む。	2. ストレスの対処方法について書かれている本を読ませる。（T1） ・各自の出席番号を書いた付箋を，気になる箇所につけながら本を読ませる。	ホワイトボード 本 付箋
3分	3. 本に書いてあるストレスの対処方法について**ワークシート**に記入する。	3. 本に書いてあるストレスの対処方法についてワークシートに記入させる。 ・資料の出典を書くことを簡単に伝える。 ・全員が書けるように，遅れがちな生徒を中心に支援する。（T2）	タイマー ワークシート
7分	4. 班で話し合って，よいと思われるストレスの対処方法についてホワイトボードに書く。	4. 班ごとに，小さなホワイトボードを配り，ストレスの対処方法を書かせる。（T1） ・できそうなことと，意外な方法も紹介する。	小さなホワイトボード ペン
10分	5. 班代表がホワイトボードを見せながら発表する。	5. 班ごとに簡単に発表させる。 ・自分が調べていないストレスの対処方法は，ワークシートに書き足させる。	
5分	6. **ワークシート**に，まとめを書く。	6. 班で話し合ったり，聞いたりしたことを付け足して，自分の意見を書かせる。	
5分	7. ストレスの対処方法についての考え方を深める。	7. 本時のまとめをする。 ・ストレスは必ずしも悪ものではないことや，対処することによる効果についても話す。（T1） ・今回使った本のコーナーを作っておくことを知らせる。（T2）	

58

●評　価
・ストレスの対処方法について，意欲的に本を読んで考えたか。
・ストレスの対処方法について，調べたり話し合ったりしたことをもとに，意見が書けたか。

●授業のポイント
・公共図書館，他の学校から借りた本を読み，中学校 1 年生にわかりやすい内容か見て，時間短縮のため，該当箇所に付箋をつけておく。
・上記の付箋と異なる色の付箋を生徒が使うように準備する。
・読む時間を多くとるために，事前にアンケートを取る際に，次回の授業でストレスの対処方法を調べることを予告しておく。
・授業開始前に手にとって読んでよいように，本は各テーブルに配っておく。

●学校図書館を活用した授業の効果
・生徒が集中して本をよく読んでいて，さらに読み続けたい様子が見られるようになる。
・全員が本を読んで，ワークシートに 1 つ以上のストレスの対処方法を書くことができる。

◆ワークシート

ストレスの対処方法

年　　組　　番　　氏名〔　　　　　　　　　　　〕

出典：書名「　　　　　　　」著者「　　　　」出版社名「　　　　」
出典：書名「　　　　　　　」著者「　　　　」出版社名「　　　　」

まとめ（わかったこと，考えたことなど）

_____

_____

_____

_____

_____

※参考：千葉県四街道市立四街道西中学校・保健体育科小堀沙織教諭指導，山田理恵学校司書支援の授業

14 オリンピック・パラリンピックの理解を深めよう （1時間扱い）

場所：学校図書館　　T1：保健体育科教諭　　T2：学校司書

めあて オリンピックやパラリンピックなどの国際的なスポーツ大会は，**国際親善や世界平和に大きな役割を果たしていること**を理解する。

● **準　備** 画用紙に描いた五輪の絵2枚（正しい絵1枚，間違っている絵1枚），オリンピック・パラリンピックに関する本（人数分以上），オリンピック・パラリンピックの役割がわかる新聞の切り抜き，オリンピック・パラリンピックに関するパンフレットなど，ワークシート

・班ごとのテーブルに本，新聞，冊子などは分けて置いておく。

・一部，ブックトラックや使っていないテーブルに置く。

●授業の流れ

時配	生 徒 の 活 動	支　援	備　考
3分	1. 本時のめあてを知る。 ・オリンピック・パラリンピックの役割について考える。	1. 本時のめあてを伝える。（T1） ・「オリンピック・パラリンピックの役割は何か」と課題を投げかけ，本や新聞，パンフレットを読みながら考えることを伝える。	
	2. オリンピック・パラリンピックに関するブックトークを聞き，本，新聞，パンフレットへの関心を高める。	2. オリンピック・パラリンピックの役割について関心を高めるようなブックトークをする。（T2） ・ブックトークの導入として，オリンピックの五輪のクイズをする。正しく描いた1枚と間違えて描いた1枚を見せてどちらが正しいか問う。	ブックトークの本 五輪の絵2枚
20分	3. 各班ごとに置いてある本，新聞，パンフレットなどを読む。	3. オリンピック・パラリンピックに関する本，新聞，パンフレットなどを読ませる。（T1） ・ワークシートに記入する際，出典を書いておくことを簡単に伝える。	オリンピック・パラリンピックに関する本，新聞の切り抜き，パンフレットなどワークシート
10分	4. オリンピック・パラリンピックの役割について，本などに書いてあったことをもとに話し合う。	4. 読んだ本などをもとに，オリンピック・パラリンピックの役割を話し合わせる。（T1）	
12分	5. 各班から1名が簡単に発表する。	5. 班ごとに，話し合ったことを発表させる。（T1）	
5分	6. **ワークシート**にオリンピック・パラリンピックの役割についてのまとめを書く。	6. オリンピック・パラリンピックの役割には，国際親善，世界平和を目指すことが含まれていることを確認してまとめる。（T1）	

●評　価
・オリンピック・パラリンピックについての本に関心を持って読んでいたか。
・オリンピック・パラリンピックの役割について書くことができたか。

●授業のポイント
・20分以内に区切りのよい所まで読めるような，辞典，図鑑，写真の多い本，新聞記事，パンフレットを集め，ほぼ均等に各班のテーブルに置いておく。
・オリンピック・パラリンピックに関する本を読む動機付けとなるブックトークをする。
・ブックトークで紹介する本は，全部の班のテーブルに置いておく。
・オリンピック・パラリンピック，国際スポーツ大会のコーナー，展示をあらかじめ作っておく。

●学校図書館を活用した授業の効果
・オリンピック・パラリンピックについて関心を持ち，正しい知識を持てるようになる。
・オリンピック・パラリンピックコーナーの本を手に取り，読むきっかけとなる。

◆ワークシート

オリンピック・パラリンピックの役割

年　　　組　　　番　　氏名〔　　　　　　　　　　　　　　〕

1. 調べたこと

2. 他の人，他の班の発表

書　　名	著　　者	出　版　社

※『中学校学習指導要領（平成29年告示）』p.124, 第2章第7節「保健体育〔体育分野　第3学年〕2　内容」の「H　体育理論」をもとに授業案を作成

15 日本各地の郷土料理を知ろう （2時間扱い）

場所：学校図書館　　T1：家庭科教諭　　T2：学校司書

めあて 日本各地の郷土料理を調べて**食に関心を持ち，郷土料理の特徴を知る。**

●**準　備** 郷土料理の本（人数分以上。地方別に表紙を見せて並べて置く），教科書，書画カメラ，色鉛筆，ワークシート

●授業の流れ

時　配	生　徒　の　活　動	支　　援	備　考
1時間目 10分	1. 本時のめあてを知る。 ・写真を見て郷土料理に興味を持つ。	1. 本時のめあてを伝える。（T1） ・教科書に掲載されている郷土料理の中で，知っているものを挙げさせる。または，本に掲載されている郷土料理の写真を書画カメラで見せ，知っているか問い，興味を持たせる。	教科書または郷土料理の本 書画カメラ
10分	2. 郷土料理の本の図書分類を知る。	2. 郷土料理の本について簡単に説明する。（T2） ・5類の棚，「596」の分類に郷土料理の本があることを伝える。	郷土料理の本
30分	3. 本を閲覧して，紹介する郷土料理を決める。 4. 郷土料理，都道府県名を**ワークシート**に記入する。	3. 郷土料理の本を読んで紹介する料理を選ばせる。（T1） ・探せない生徒に助言する。（T1）（T2） 4. ワークシートに記入するよう指示する。（T1） ・迷っている生徒に個別に助言する。 　　　　　　　　　　　　（T1）（T2） ・出典を書かせる。	ワークシート
2時間目 20分	1. 本時のめあてを知る。 2. **ワークシート**を完成させて，郷土料理の絵に着色する。	1. 本時のめあてを伝える。（T1） ・ワークシートを完成させて，相互評価して郷土料理についての理解を深める。 2. ワークシートを完成させることを伝える。作業が遅れている生徒は個別に支援する。 　　　　　　　　　　　　（T1）（T2）	郷土料理の本 ワークシート 色鉛筆
15分	3. **ワークシート**を交換して見せ合い，コメントを書く。	3. グループ内で相互評価をさせる。（T1）	
10分	4. 郷土料理について考える。	4. 郷土料理についてわかったこと，よさについて発表させる。必ず共通して知らせたいことは補足して確認する。（T1）	
5分	5. まとめを記入する。	5. 本時のまとめをする。（T1） ・いろいろな県の郷土料理がわかったので，次は自分たちの住む県の郷土料理を紹介することを伝える。	

●評　価

・調べたことをもとに，郷土料理に関心を持ってワークシートにまとめられたか。

・ワークシートに必要なことを全て記入することができたか。

●授業のポイント

・郷土料理の本を，早めに公共図書館，他の小中学校などから生徒人数分＋数冊を借りておき，
どの本が見やすいか，ねらいに合っているか教諭と学校司書が確認しておく。

・取り組めない生徒には，個別に本を紹介し，関心を持たせる。

●学校図書館を活用した授業の効果

・たくさんの本を見せることで，好きな料理を選ぶことができる。

・郷土料理への関心が高まり，進んで学習に取り組めるようになる。

◆ワークシート

郷土料理の紹介	
年　　組　　番　　氏名〔　　　　　　　　　　　　〕	
料理名	都道府県名
特　徴	
料理の絵と解説	
感　想	
友達から	
まとめ	
参考資料	

※参考：千葉県鎌ケ谷市立第四中学校・家庭科石井明佳教諭指導，金子慈美学校司書支援の授業

16 家庭科

世界の国の家を調べよう （2時間扱い）

場所：学校図書館　　T1：家庭科教諭　　T2：学校司書

めあて
- 本を調べることを通して**住居に興味関心を持たせる**。
- 日本の家の特徴をよりよく理解するために，**外国の家について調べる**。

●**準　備**　世界の家の写真3枚，世界各地の家の本（人数分以上集めて，5大陸に分けて表紙を見せて並べる），気候帯のわかる本や地図を各班に2冊，世界地図，書画カメラ，色鉛筆，ワークシート

●授業の流れ

時　配	生 徒 の 活 動	支　援	備　考
1時間目 10分	1. 本時のめあてを知る。 ・写真を見て，どこの国の家か考える。 ・3つの家の特徴を考え，家についての関心を持つ。 2. 世界の家の本の分類を知る。	1. 本時のめあてを伝える。（T1） ・特徴のある3枚の世界の家の写真を書画カメラで見せ，国名を別に示し，どの国の家か考えさせる。 ・3つの家の特徴を挙げさせる。 2. 世界の家の本について簡単に説明する。（T2） ・3類の棚，「383」の分類に，住居に関する本があることを伝える。	世界の家の写真3枚 書画カメラ 世界の家の本
10分	3. 本を閲覧して，どの国の家を紹介するか決める。	3. 世界の家の本を各自で読んで，紹介する家を選ばせる。（T1） ・探せない生徒に助言する。（T1）（T2）	
30分	4. 選んだ家について**ワークシート**に記入する。	4. ワークシートに記入するよう指示する。（T1） ・迷っている生徒に個別に助言する。 　　　　　　　　　　　　　（T1）（T2） ・出典を書かせる。	ワークシート
2時間目 20分	1. 本時のめあてを知る。 2. **ワークシート**を完成させて，絵に着色する。	1. 本時のめあてを伝える。（T1） ・ワークシートを完成させて，相互評価し，世界の家についての理解を深める。 2. さらに資料が必要な生徒に本を紹介する。 　　　　　　　　　　　　　（T1）（T2）	 世界の家の本 色鉛筆
15分	3. **ワークシート**を交換して見せ合い，コメントを書く。	3. グループ内で相互評価をさせる。（T1）	ワークシート
10分	4. 世界の家と日本の家を比較して考える。	4. 世界の家を調べてわかったこと，日本の家との違いについて考えさせる。（T1）	
5分	5. まとめを記入する。	5. 本時のまとめをする。（T1） ・各国の伝統的な家は気候に合わせて工夫されていることがわかったので，次は日本の家について調べることを伝える。	

●評　価
・世界の国の家に関心を持ち，調べたことをもとにまとめることができたか。
・日本の家と比べて考えることができたか。
・ワークシートに必要なことを全て記入することができたか。

●授業のポイント
・世界の家の本を，早めに公共図書館，他の小中学校などから借りておき，どの本が見やすいか，ねらいに合っているか教諭と学校司書が確認しておく。
・取り組めない生徒には，個別に本を紹介し，関心を持たせる。
・家の特徴の欄には，絵や説明を書き，豆知識やクイズを加えてもよいことを伝える。

●学校図書館を活用した授業の効果
・教科書での学習だけに留まらず，自分で調べることで，家について関心を持てるようになる。
・今後，本で得た知識をもとに，私たちの住まいをよりよくしようと工夫できるようになる。

◆ワークシート

世界の国の家　年　　組　　番　氏名〔　　　　　　　　　〕

調べた国または地方	気　候
家の特徴（絵，説明，豆知識，クイズ）	
友達から	
日本の家と比べて	
参考資料	

※参考：千葉県鎌ケ谷市立第四中学校・家庭科石井明佳教諭指導，金子慈美学校司書支援の授業

英語科

17 日本の文化を英語で紹介しよう （4時間扱いの2時間目）

場所：学校図書館　　T1：英語科教諭　　T2：ALT　　T3: 学校司書

めあて 本で調べた日本の文化に関することを**初歩的な英語の文章で表現することができる。**

●準　備 日本の文化に関する本，英訳した文章が出ている日本の文化に関する本，情報カード，教科書，英和辞典，和英辞典，書画カメラ，掲示して発表させる場合は白紙人数分

・どんな日本文化があるのか，調べるテーマを一覧表にしておく。

・本の中で，一覧表の内容が出ている箇所に，学校司書が付箋をつけておく。

●授業の流れ

時　配	生　徒　の　活　動	支　援	備　考
2時間目 10分	1. 本時のめあてを知る。 ・教諭の英語の紹介を聞きながら，関心を持つ。	1. 今回の授業について説明し，見通しを持たせる。（T1） ・例として，英語で1つ紹介する。書画カメラで紹介する本の挿絵（写真）を見せながら話す。（T2）	書画カメラ 本
3分	2. 本の調べ方，情報カードの出典の書き方を知る。	2. 調べ方について伝える。（T3） ・本の中で，一覧表に示した日本文化に関するテーマの箇所には，付箋が付いていることを伝える。 ・情報カードへの記入の仕方を説明する。著作権に留意し，出典を書くことを確認する。 ・百科事典，国語辞典などの辞典類も参考にすることを伝える。	日本文化に関する本 情報カード
35分	3. 自分が調べるテーマを一覧表の中から決めて，本を読んで**情報カード**に英文を書く。または，英文を写す。	3. 各自で調べて，情報カードに日本語の説明と英文を書かせる。目標3枚以上とする。（T1） ・何を紹介するか迷う生徒，本を見つけられない生徒に助言する。（T1）（T3） ・英訳のしかたについての質問を受ける。また，英訳が合っているか見る。（T1）（T2）	
2分	4. 本時をふりかえり，次時の予告を聞く。	4. 本時のまとめと次時の予告をする。（T1） ・情報カードを集める。または，各自で保管するように伝えておく。	

●評　価

・日本の文化に関心を持ち，意欲的に英文を書くことができたか。

・情報カードを3枚以上書けたか。

●授業のポイント

・英文を書く作業にすぐに入れるように，日本の文化に関する本を集め，分散して置く。1ヵ所に集めると混み合って本を取りにくい。

・英文を写すことも想定して，英訳が出ている本も多めに準備しておく。

●学校図書館を活用した授業の効果

・準備した，日本の文化に関する本以外に，百科事典，国語辞典などを必要に応じて使うことができるようになる。

・自分で調べたことを表現する楽しさを味わうことができるため，生徒の積極的な姿勢が見られるようになる。

◆情報カードを用いた本時以降の発展例

1．B5の紙に，情報カードに書いた英文を清書し，イラストも添えて完成させて，廊下に掲示する。

2．情報カードをもとに，自分が発表することを決めて，グループ内で一人ずつ発表させる。次に，グループ内で代表を決めて，代表が前で発表する。

3．あらかじめ，①日本の食，②年中行事，③日本の家屋，④日本の道具，⑤日本の名所，⑥縁起のよいもの，⑦日本のおみやげ，⑧江戸時代，⑨日本の遊び，⑩武道，など本に掲載されている内容をもとにテーマを決め，グループでテーマを選択して調べさせる。また，グループで発表する順番を決めておく。カードは見ないで自然に話せるようにグループ内で練習しておく。発表の時には，書画カメラで本の絵を写す。

◆情報カード

情報カード No.	年　　組　　番　　氏名	
日本語		
英訳		
参考資料	書名	出版社
	著者	出版年

※参考：東京都大田区，世田谷区の中学校で，英語科池田麻奈教諭が実践された授業

英語科・2年生　鎌倉校外学習事後指導

鎌倉校外学習で見つけたことを英文にしよう（6時間扱いの2時間目）

場所：教室　　T1：ALT　　T2：英語科教諭

めあて　鎌倉校外学習をふりかえり，例文を参考にしながら**英文を作る**ことができる。

●**準　備**　いろいろな種類の鎌倉に関する本（2台のブックトラックに分けて置く），和英辞典，英和辞典，ワークシートA・B, タイマー

●授業の流れ

時　配	生 徒 の 活 動	支　援	備　考
15分	1. 本時のめあてを知る。	1. 鎌倉の校外学習についての英語のスピーチをすることを伝える。（T1）	
	2. 鎌倉に関する本を見ながら，**ワークシートA**の英語の鎌倉クイズに答える。班の中で本を見せ合いながら話し合う。	2. 英語の鎌倉クイズの答えを考えさせる。（T1） ・教室内2ヵ所に置いてあるブックトラックから鎌倉に関する本を持ってこさせる。 ・班の中で話し合ってもよい。 ・探せない生徒に助言する。（T1）（T2）	鎌倉に関する本 ワークシートA タイマー
10分	3. 答え合わせをする。	3. 答えを伝えて，全問正解だった班を聞く。（T1）	
25分	4. 班で話し合いながら，紹介したいことの英文を，**ワークシートB**に記入する。 ・例文を参考にし，和英辞典，英和辞典を活用する。 ・必要に応じてALT，英語教諭に質問する。	4. 鎌倉に行って印象に残ったことについて，英文を書くように指示する。 ・ALTが鎌倉に関する英文を作って紹介する。 ・各自，英語で5文作ることを伝える。 ・例文を参考にしてよいことを伝える。 ・迷っている生徒に個別に助言する。 　　　　　　　　　　　　　（T1）（T2）	ワークシートB （p.78） 和英辞典 英和辞典
	5. 今後の見通しを持つ。	5. 今後の予定を伝える。（T2） ・「各班で撮影した画像をパワーポイントで写しながら，前で班全員が英語で5文ずつスピーチをする」「リハーサルの様子を撮影して生徒とフィードバックし，発表本番に臨む」ということを伝える。	

●評　価
・鎌倉について書かれた本を見ながら，英語の鎌倉クイズの答えを考えられたか。
・鎌倉に行ったことをふりかえりながら，例文を参考に英文を作ることができたか。

●授業のポイント
・英語に関する質問の答えがわかる本を準備しておく。

●学校図書館を活用した授業の効果
・鎌倉に行ったことをふりかえりながら，歴史や文化について知識を深め，英文を作ることができる。

◆ワークシート A 「鎌倉クイズ」　＊ワークシート B と「鎌倉クイズ」の答えは，p.78。

PART A - Use the library books to find the answers. Circle the correct answer.

KAMAKURA

The great samurai leader, Minamoto Yoritomo lived in Kamakura in the late ① _____ century. The first samurai government he established, known as Bakufu, lasted for about 700 years and came to an end in ② _____ . **Tsurugaoka Hachimangu** is the largest native shrine and one of the most popular places for tourists in Kamakura. This shrine was founded in　③ _____ by Minamoto Yoritomo. **The Great Buddha** is one of the biggest Buddha statues in Japan. It is made of ④ _____ in 1252 and took more than ten years to make.

Hokokuji is known as "Bamboo Temple" for the bamboo inside its grounds. There are around ⑤ _____ bamboo plants. **Zeniarai Benten** is one of the most popular native shrines in Kamakura. Legend has it that if you ⑥ _____ money with spring water in the shrine and spend it properly, the money will multiply and come back to you later. Why not try it and become rich?

①	10th	11th	12th	13th
②	1857	1867	1877	1887
③	1100	1140	1180	1210
④	wood	bronze	silver	gold
⑤	1,000	1,250	1,500	2,000
⑥	spend	wash	give	throw

＊答えは p.78 の下。

If you find any interesting notes in the library books, please write them in the box below:

※参考：中央大学附属中学校・高等学校・ALT　Kate Painter，英語科窪田史教諭指導の授業

19 いじめを許さない心を持とう （1時間扱い）

項目：公正，公平，社会正義　　教材名：『わたしのいもうと』

場所：教室　　T1：担任教諭　　T2：学校司書

めあて 教材を読んで，公正，公平な考え方と態度について改めて考えるとともに，**生命を尊重する心を養う。**

● **準 備** 『わたしのいもうと』（人数分），関連する本2冊，ワークシート

● **授業の流れ**

時 配	生 徒 の 活 動	支 援	備 考
15分	1. 本時の進め方について，見通しを持つ。	1. 本時の進め方を伝える。（T1） ・「わたしのいもうと」と板書し，絵本を読むことを伝える。	
	2. 学校司書の読む速さに合わせてページをめくり，内容を理解する。	2.『わたしのいもうと』を一人1冊ずつ配り，学校司書が読む速さに合わせて，ページをめくらせる。（T2） ・この話は事実に基づいていることを伝える。	人数分の本
15分	3. 一番心に響くページを決め，その理由も考えて話し合う。	3. 各自で読む時間をとり，どのページが一番心に響くか，そのページを開かせる。（T1） ・1〜2名に，心に響くページとその理由を発表させる。 ・全員にワークシートの1を記入させる。 ・班ごとに，話し合わせる。	ワークシート
	4. 友だちの考えを聴く。	4. 各班の代表1名に発表させる。	
10分	5. **ワークシート**に記入しながら，「4年生のクラスの子どもたち」に伝えたいことを考える。残された家族についても考える。	5. ワークシートの2，3を記入させる。（T1） ・「4年生のクラスの子どもたち」に伝えたいことを考えさせる。「4年生のクラスの子どもたち」は，「いもうと」が亡くなることは予測できなかったし，その後も知らないことを確認する。 ・残された家族の気持ちを考えさせる。	
5分	6. 本時をふりかえる。	6. まとめの話をする。（T1） ・『わたしのいもうと』の作品に沿って話をする。	
5分	7. この授業を通して考えたことを記入する。	7. ワークシートの4を記入させる。	
	8. 関係する本に対して，関心を持って聞く。	8. 関係する本を紹介する。（T2）	関係する本2冊

●評　価
・自分の意見を持ち，他の人の意見を尊重しながら話し合うことができたか。
・話し合ったことを踏まえて考えを深め，ワークシートに記入することができたか。

●授業のポイント
・『わたしのいもうと』を一人に1冊ずつ手渡し，読む時間を設ける。一人に1冊準備できない
　場合は，挿絵をカラーコピーして黒板に貼って見せる。
・「4年生のクラスの子どもたち」には罪の意識もなく，悲惨な結果に結びついたことを，知ら
　ないということに気づかせる。
・最後に関連する本を2冊，学校司書が紹介する。

●学校図書館を活用した授業の効果
・学校司書が絵本を読むことで，内容への理解が深まり，よく考えられる。
・一人1冊ずつ本が配られるので，絵をよく見て，場面を想像してじっくり読んで考えられる。

◆ワークシート

『わたしのいもうと』

年　　　組　　　番　　氏名〔　　　　　　　　　　　　　〕

1．一番心に響いた場面と，その場面を選んだ理由

　　場面（　　　　　　　　　　　　　　　　　　　　　）ところ

2．小学校4年生のクラスの子どもたちに伝えたいこと

3．残された家族について考えよう

4．この授業を通して考えたこと

※参考：千葉県柏市立柏第二中学校・2〜3年生教諭指導，浅野郁江学校司書支援の授業

20 いま，私にできることを考えよう （1時間）

項目：自主，自立，自由と責任　　教材名：『ハチドリのひとしずく』

場所：教室　　T1：担任教諭　　T2：学校司書

めあて 教材を読んで，自主的に考え判断し，誠実に実行することの大切さを考えるとともに，広い視野から多面的・多角的に捉えられるようにする。

●**準 備** 『ハチドリのひとしずく』（人数分），同書 p.3 ～ 15 のパワーポイント画像，パソコン，プロジェクター，スクリーン，実物大のハチドリの写真が載っている図鑑，ハチドリの拡大カラーコピー，ワークシート

●**授業の流れ**

時 配	生 徒 の 活 動	支 援	備 考
10分	1. 本時について知る。 2. 『ハチドリのひとしずく』の内容を理解する。 3. 森は生きていくために必要な場であることを捉える。	1. 本時について伝える。（T1） 　・本を題材に考えることを伝える。 2. パワーポイントで，『ハチドリのひとしずく』を見せ，情感を込めて読む。（T2） 3. 物語の背景に対して考えを深める。（T1） 　・森が燃えると動物たちはどうなるのか。 　・実物大のハチドリの図鑑の写真を見せる。	パソコン パワーポイント画像 プロジェクター スクリーン 実物大の写真
10分	4. ハチドリと森の動物たちが逃げたことについて考える。 　・ハチドリは勇気がある。 　・動物たちが逃げるのはしかたがないが，笑うのはよくない。	4. 生徒たちに「自分はハチドリのクリキンディか動物か」聞いた後，ワークシートの 1, 2 を記入させる。隣の生徒と話し合わせ，発表させる。（T1） 　・ハチドリの行動について。 　・森の動物たちの行動について。	ワークシート
15分	5. 本を見ながら，クリキンディの言葉について考え，話し合う。 　・自分が後悔しない方法。 　・周りの動物の行動が変わるかもしれない。 　・やれることを自分一人でもやってみよう。	5. 森の動物たちが逃げた事情（p.19 ～ 20）を読んで聞かせた後，本を配り，クリキンディの言葉「私は，私にできることをしているだけ」について，4 人で話し合わせる。 　・4 人の話し合いの中に順に入る。 　　　　　　　　　　　　　　（T1）（T2） 　・4 人の代表 1 名に順に発表させる。（T1） ＊ワークシートの 3 を先に書くか，話し合いを先にするかは，生徒の実態に合わせる。	人数分の本
5分	6. まとめの話を聞く。	6. まとめの話をする。（T1） 　・生徒の発言を評価するのではなく，教師の物語に対する考え方，体験談などを話す。	
10分	7. 各自，本を黙読した後，**ワークシートに記入する。**	7. p.26 ～ 57 の 16 人の行動を黙読させる。ワークシートの 4, 5 を記入させる。（T1）	

●評　価

・自分の意見を持ち，他の人の意見を尊重しながら話し合うことができたか。

・ワークシートに考えたこと，本の中のどの行動に注目したかなどを記述できたか。

●授業のポイント

・「自分はクリキンディか動物か，両方か」という問いかけで生徒が真剣に考えるようになる。

・話し合いをさせる際，ワークシートを先に書くと，それを読み上げるだけになりがちなので，生徒の実態に合わせて，話し合ってからワークシートに記入させる方法も考慮する。

・本は，一人1冊ずつ配る。または，一部抜粋して全員分を印刷し，授業後に回収する。

●学校図書館を活用した授業の効果

・学校司書が本を読むことで，内容への理解が深まり，深く考えることができるようになる。

・一人1冊ずつ本が配られるので，じっくり読んで考えることができるようになる。

◆ワークシート

『ハチドリのひとしずく』

年　　組　　番　氏名〔　　　　　　　　　　　　　　〕

１．ハチドリのクリキンディの行動についてどう思うか。

２．森の動物たちが逃げたことについてどう思うか。

３．クリキンディの言葉「私は，私にできることをしているだけ」について感じたこと。

４．この授業を通して考えたこと（今，自分がクリキンディのようにできること）。

５．本の中のどの人の行動に注目したか，その理由。

※参考：千葉県柏市立柏第二中学校・3年生教諭指導，浅野郁江学校司書支援の授業

21

総合的な学習　社会科見学事前学習

ガイドブックを作ろう （4時間扱い）

場所：学校図書館　　T1：国語科教諭　　T2：学校司書

めあて 社会科見学に向けて，必要な情報を収集整理し，まとめ，**協力して学級で1冊のガイドブックを作ることができる。**

● **準　備** 社会科見学先のパワーポイント画像，パソコン，プロジェクター，スクリーン，情報カード（p.87），書画カメラ，タブレットPC，調べる場所についてまとめて書く用紙（A4，1枚），掲示用「情報カードのまとめ方」

・教諭が調べる場所を選定し，学校司書はその場所の本を集めておく。

●授業の流れ

時　配	生 徒 の 活 動	支　　援	備　考
1時間目 50分	1. 社会科見学で行く場所を知り，イメージを持つ。	1. 学年集会で，教諭が事前に撮っておいた写真をパワーポイントにまとめて見せ，社会科見学に対する動機付けをする。（学年の教諭）	パソコン スクリーン プロジェクター
2時間目	1. ガイドブックを作る目的を理解する。	1. 社会科見学の事前学習として，学級で1冊のガイドブックを作成し，それを資料の1つとして見学の場所を各班で決めて，ルートを考えることを伝える。（T1）	
10分	2. 調べる場所を決める。	2. ガイドブックの目次を示し，調べる場所は二人一組，くじ引きで決める。（T1）	本
10分	3. 情報カードの書き方を知る。	3. 情報カードの記入方法を伝える。（T2） ・書画カメラを用いて，実際に書いて見せる。 ・情報カードの書き方を伝える。	情報カード 書画カメラ 情報カードの
30分	4. 本で調べて**情報カード**に記入する。	4. 本で調べて情報カードに記入させる。この時間で2枚以上書くようにさせる。（T1） ・本を選べない，記入方法がわからない生徒に助言する。（T1）（T2）	書き方（p.87 参照）
3時間目 10分	1. 本時のめあてを知る。 2. インターネットの検索方法について理解する。	1. タブレットPCで調べることを伝える。（T1） 2. 検索の方法について伝える。（T2） ・信頼できるサイトを利用。 ・キーワードの検索。	
40分	3. タブレットPCを立ち上げて調べ，**情報カード**に記入する。	3. インターネットを検索させ，情報カードに記入させる。（T1）（T2）	情報カード タブレットPC
4時間目 5分	1. 本時のめあてを知る。	1. 調べた場所について二人で相談して，1枚の紙にまとめて書くことを伝える。（T1）	まとめて書く 用紙
45分	2. これまで記入した二人の**情報カード**を並べ，内容を分類し，書く順序を決め，1枚にまとめて書く。	2. 情報カードを分類して，まとめて書く順序を考えさせる。（T2） ・必要に応じ，本やタブレットPCで再度確認させる。（T1）（T2）	「情報カードのまとめ方」掲示 本 タブレットPC

●評　価

・自分が担当する場所について，積極的に，情報を収集し，表現することができたか。

●授業のポイント

・社会科見学に行く場所は毎年同じなので，本，パンフレットなどの情報を行き先別にストックしておけば，豊富な資料を活用できる。

・情報カードの書き方は，書画カメラを使って，実際に書いてみせながら伝える。

・情報カードのまとめ方の掲示物を作っておき，説明の時間を短くする。

●学校図書館を活用した授業の効果

・多くの資料を使って，見学先について調べて関心を高められるので，社会科見学がより楽しく充実したものになる。

・本とインターネット，両方の使い方の理解が深まる。

◆調べる場所：ガイドブックの目次例

社会科見学　ガイドブック　目次

1.	上野恩賜公園（不忍池）	10.	小石川後楽園
2.	浅草寺（本堂・観音堂）	11.	東京駅
3.	浅草寺（雷門）	12.	浜離宮
4.	浅草寺（五重塔）	13.	増上寺
5.	浅草寺（浅草神社）	14.	東京タワー
6.	仲見世通り	15.	NHK放送博物館
7.	江戸東京博物館	16.	愛宕神社
8.	両国国技館	17.	東京スカイツリー
9.	湯島天満宮		

＊34人学級の場合，二人で1ヵ所を調べるため，17ヵ所を挙げている。

◆掲示用「情報カードのまとめ方」

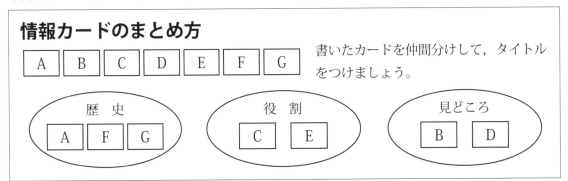

※参考：東京都大田区立大森第七中学校・国語科横田佳保里教諭指導，打谷章子学校司書支援の授業

22 まわしよみ新聞を作ろう

まわしよみ新聞を作ろう （1〜2時間扱い）

場所：学校図書館　　T1：担任教諭　　T2：学校司書

めあて
・まわしよみ新聞を協力して完成させる活動を通して，**伝え合う楽しさを知る。**
・自分の考えを**伝える表現力を高める。**
・社会に対しての関心を高め，**視野を広げる。**

● **準　備**　新聞一人1部（中高生新聞があれば使う），台紙（白の四つ切画用紙，または模造紙半分），ハサミ，糊，水性ペン，タイマー，付箋，まわしよみ新聞の見本，「まわしよみ新聞の作り方」を書いた模造紙

● **授業の流れ**　＊2時間使える場合は，3までが1時間，4から後で1時間。

時 配	生 徒 の 活 動	支 援	備 考
3分	1. 本時のめあてを知る。 ・新聞に関心を持ち，まわしよみ新聞のイメージを掴む。	1. 本時のめあてを伝える。（T1） ・以前のまわしよみ新聞，あるいはモデルとして作った見本と，作り方の手順を書いた模造紙を見せて説明する。（T2）	まわしよみ新聞の見本 「まわしよみ新聞の作り方」を書いた模造紙
15分	2. 新聞を読んで，関心のある記事を切り抜く。	2. 新聞全体に目を通し，自分の関心のある記事の切り抜きをさせる。（T1） ・広告でもよいことを伝える。 ・切り抜いた記事の余白に，新聞名，年月日を書くことを確認する。	新聞
	3. 自分の切り抜いた記事の内容を説明し，それに対する考えを話す。 ・時間があれば，班員が感想を言う。	3. 4人の班で，各自切り抜いた記事の紹介をさせ，班員に感想を言わせる。（T1） ・一人の持ち時間は2分間。 ・聴き手として加わる。（T1）（T2）	タイマー
15分	4. 話し合いながら，まわしよみ新聞を完成させる。	4. トップ記事を決めて，記事を貼り，班でまわしよみ新聞を作らせる。（T1） ・レイアウト，新聞の名前を考えさせる。 ・新聞名，日付，班員名を書かせる。 ・空いたスペースに吹き出しやイラストを書かせる。（T1）（T2）	台紙 ハサミ 糊 水性ペン
17分	5. 他の班のまわしよみ新聞を見て付箋に一言書いて貼る。	5. 他の班のまわしよみ新聞を見させる。 ・付箋に感想（良い点）を書いて貼らせる。（T1）	付箋
	6. 自分の班の新聞に貼られた感想を読み，本時の活動をふりかえる。	6. 今後も新聞に関心を持つように伝えてまとめる。 ・授業後，廊下等に掲示する。（T1）（T2）	

●評　価
・新聞を読んで，意欲的に関心のある記事を切り抜き，紹介することができたか。
・班の友達と協力して，積極的にまわしよみ新聞を完成させることができたか。

●授業のポイント
・担任教諭と学校司書で，1時間の流れを確認しておく。
・学校司書が，見本になるまわしよみ新聞と，時間の流れを書いた模造紙を掲示しておく。
・全体への指示は担任教諭が行い，学校司書は用紙等の配付や各班への細かい助言に協力し，時間内で終了できるようにする。
・まわしよみ新聞の完成後は，廊下に掲示することを伝えておく。

●学校図書館を活用した授業の効果
・学校司書との協力体制で，全員を参加させて，時間内に作業を終えることができる。
・学校図書館のテーブルは，新聞を広げ台紙を置いて話し合うのに向いている。
・学校図書館に置いてある新聞を活用し，新聞に対する関心を高めることができる。

◆掲示用「まわしよみ新聞の作り方」　＊学校司書が，時間割に合わせて活動の時間を記入する。

まわしよみ新聞の作り方

1．新聞の全体に目を通してから，記事を切り抜く。（新聞名，年月日を書いておく。）

　　　　　　　　　　　　　　　　　　　　　時　　　分まで

2．班の中で，順に切り抜いた記事を紹介し合う。

　　　　　　　　　　　　　　　　　　　　　時　　　分まで

3．レイアウトを考えて台紙に貼って完成させる。
　・回し読み新聞の題名
　・新聞名，年月日　　　・班員名
　・吹き出し，イラストを入れ，色マジックを使い，楽しく仕上げる。

　　　　　　　　　　　　　　　　　　　　　時　　　分まで

※参考：千葉県柏市立田中中学校・国語科近藤千惠子教諭指導，宮崎信子学校司書支援の授業

※参照：陸奥 賢（むつさとし）著『まわしよみ新聞をつくろう！』創元社
　　　まわしよみ新聞　http://www.mawashiyomishinbun.info（参照 2020.12.03）

◆中学校　英語科・2年生「鎌倉校外学習で見つけたことを英文にしよう」ワークシートB

PART B - Some useful sentences you can use for your presentation scripts.

Try to make 5 sentences for your script :

English	日本語
Our group _____ ed at (place).	私たちの班は（　　　）で_____しました。
(place) is a ____ minute walk from (place).	（　　　）は（　　　）から_____分のところにあります。
It's called _____ in English.	それは英語で_____と呼ばれます。
It was built in _____ .	それは_____年に建てられました。
It is famous for _____ .	それは_____で有名です。
It was made by _____ .	それは_____によって作られました。
It is near / next to _____ .	それは_____の近く／隣にあります。
It is good for ～ ing (shopping / relaxing ...)	それは_____をするのによいです。
The best thing about this place is you can _____ .	この場所のよい所は_____できることです。
I bought _____ there.	私は_____をそこで買いました。
You can see _____ there.	そこで_____を見ることができます。
I thought it was _____ .	私は_____だと思いました。

1. I will talk about _____ .

2. _____ .

3. _____ .

4. _____ .

5. _____ .

＊ p.69 の答え：① 12th　　② 1867　　③ 1180　　④ bronze　　⑤ 2,000　　⑥ wash

78

第3章

授業でそのまま話せる
学校図書館活用ガイドの
シナリオ&ワークシート

◎**本章は，**……

　第1章，第2章の授業を進める際に話す内容を
シナリオにしてあります。

　実施する際に読んで参考にしてください。

　ワークシートも一部紹介しています。

1 学校図書館の本の選び方—日本十進分類法—

　日本十進分類法（p.94 参照）は，学年に応じて教えてください。本の分類を知ることによって，学校図書館だけではなく，公共図書館の利用にもつながります。本を使って調べるための基礎的な知識です。**壁には，見やすく大きく 10 の分類の表を掲示しておいてください。**

　本を返す際に場所がわかるように，借りた本を抜いた場所に代本板を置く方法をとっている学校がありますが，代本板は本の幅と違うので，絵本の棚では本が入らなくなります。また，人気があるシリーズのコーナーは代本板ばかりになり，入れ替えるときに代本板が落ちて紛失することが起こりがちです。**小学校 1 年生から，本の分類を教えておくと，きちんと戻すようになりますので，代本板は必要なくなります。**

　中学年以上は，分類の内容も段階に応じて教えていきます。今まで手に取っていない分類の本にも目を向けるように促してください。

〈シナリオ①　小学校 3 年生 1 学期までの説明〉

　学校図書館には，たくさんの本がありますね。本棚の上を見てください。数字が書いてあるのがわかりますか？　（児童，口々に「3 がある」「9 がある」など言う。）この数字は，0 から 9 まであります。0 はどこですか？　指さしてください。（みんなで指さす。）はい，そうです。1 は？　2 は？　……，9 は？　はい，よく見つけられました。学校図書館の本は，こんなふうに，**0 から 9 までに分けて置いてあるんです。**その数字は，同じ本の仲間で分けています。例えば，虫，鳥，動物，魚は何の仲間？　（児童，「生き物」と答える。）はい，そうです。生き物はまとめて「4　算数・理科・いきもの」という棚に入れることになっています。

> **4 算数・理科
> いきもの**

　この虫の本を見てください。（昆虫の本の背を見せる。）ここにはね，ラベルという名札みたいなのがついていますよ。「486」と書いてあります。（「486」と大きく書いたカードを見せる。または，ホワイトボードか黒板に「486」と書く。）一番左に，「4」と書いてあるので，「4　算数・理科・いきもの」の棚に入れます。

　皆さんは，何組ですか？　（児童「2 組」というように答える。）そうですね。皆さんは 2 組だから，「2 組」と書いてある教室に入って勉強しますね。1 組に入って勉強しませんよね。（ここでたいてい数名が笑ったりうなずいたりする。）それと同じで，ラベルに，**4 と書いてあったら，4 の棚**に入れます。2 と書いてあったら，2 の棚に入れます。それぞれの場所にきちんと返すようにしてくださいね。

　たまに，迷子の本を見つけることがあります。テーブルの上に置きっぱなしになっていたり，全然違う番号のところに入っていたりします。見つけたら，きちんとその本の番号のところに入れてあげてくださいね。

〈シナリオ②　小学校3年生2学期から6年生の説明〉

　　学校図書館の本は種類別に分けて置いてあることを知っていますね。いくつに分かれていますか？　（児童「10」と答える。）そうですね。ですから「**十進分類法**」と言います。（ホワイトボードに書くか，用意した「十進分類法」と書いたカードを見せる。）よみがなをつけると「じっしんぶんるいほう」です。（書いて見せる。あるいはカードのふりがなに注目させる。）

　　この学校図書館のどこに，「0」がありますか？　はい，そこです。（指さして見せる。）0類と言います。1類は……，2類は……，9類は？　（目で追わせて確認する。）はい，このように，0類から9類までが右回り，時計回りとも言いますね。置かれているのがわかります。それぞれの分類には，意味があります。

　　（学校図書館の分類一覧表を指さして，）1類は？　（書いてある言葉を児童が読む。）2類は？　（同様に読ませる。）……，9類は？　（同様に読ませる。）0類は？　（読ませた後で）0類には1類から9類までに含まれない内容，あるいは，全部を含んだ内容の本があります。このように，**全ての知識を分類して本を置く方法**が決められています。なぜ，このように分けて置くのでしょうか？　（言えそうな児童に答えてもらう。）そうですね。本を探すことができるようにするためです。この分類は，この学校だけの方法ではありません。日本中のどこの学校でも，また，どこの公共図書館でも，大学の図書館でも同じ方法で分けて，誰もが必要とする本を探せるようにしています。

〈シナリオ③　中学生以上への説明〉

　②の説明を簡単にした後，本のラベルの説明を加えます。「**913**」「**916**」「**933**」の本を手元に準備しておいてください。

　　本には，ラベルがついています。（「913」の本を持って）この本には，「913」と書いてあります。（ホワイトボードに書くか，カードで示す。）これは，**9で文学**，9がここにあったら**1は国を表すので日本**です。**3は小説**です。ですから「913」のラベルで，この〇〇の本が日本の小説だとわかります。このラベルは，住所と同じ，「9丁目1の3」ということなので「きゅう・いち・さん」と読んでください。

913
ア
3

　　この〇△の本には，「916」とついています。これは，日本の文学で，記録や手記など，小説ではなく実際にあったことを書いてあるとわかります。（ホワイトボードに書くか，カードで示す。）この△△の本は，英米文学なので，真ん中の数字が3で，「933」になります。（ホワイトボードに書くか，カードで示す。）

　　ラベルの2段目は，書いた人の名前の頭文字，3段目は，シリーズの本で，その何番目か書いてあります。このように細かく分類して，多くの本を整理し，必要な本を探し出せるような仕組みが作られています。

2 二人で1冊の本を読ませる指導（小学校1年生）

　この読ませ方は，まだ**文章を読むのが苦手な**，1年生の前半の時期に実施することをおすすめしたい方法です。

　まだ，文字を読むことがよくできないため，絵を見るだけで終わってしまったり，少し読むと本を交換してしまったりして，落ち着いて最後まで読むことができない時期です。二人で読めば，最後まで読み通すことができます。

　『ねずみくんのチョッキ』シリーズ，『14ひきのねずみ』シリーズなど，1ページの文章が少ない本を事前に集めておいて，選ばせるときには，広いテーブルなどの上に，表紙が上になるように並べて置いてください。

　日本語がよくわからない，あるいは文字を読むのが苦手で読めない児童が含まれている場合には，シナリオの3つめの読み方の「一人が読んで，一人が聴く」方法をさせてください。

　あるいは，担任か学校司書がペアになる方法も考えられます。全体の人数が奇数の場合も，担任か学校司書がペアになってください。

〈シナリオ〉

　皆さんは，本を読むのは好きですか？（「好き」と答える児童，首をかしげる児童が見られる。）今日は，二人で仲良く，1冊の本を最後まで読みましょう。どうやって読むのか，お話しします。3つの読み方を言います。

　1つめの読み方は，**二人で小さな声でいっしょに読む方法**です。同じ速さでしっかり声をそろえて読みましょう。

　2つめの読み方は，**1ページずつ交代で読みます**。一人が読んだら，次のページをもう一人の人が読みます。交代で最後まで読みます。

　3つめの読み方は，**1冊全部を一人の人が読んで，一人の人が聴くという読み方**です。この読み方をするときには，2冊目は，もう一人の人が全部読むといいですね。

　では，隣の人と二人組になりましょう。

　まず，右側の席の人，立ってください。（右側の児童が全員立つのを待って）この人が先に本を選びに来てください。学校司書の〇〇先生が，みんなにおすすめの本を選んでくださいましたから，どれも楽しい本です。あわてて来なくていいですよ。

　1冊読み終わったら，今，座っている，左側の席の人が本を交換に来てください。そして，また二人で仲良く最後まで読んでください。（担任と学校司書が声をかけながら，全員が本を選べるようにする。）

3　むかしばなしクイズ（小学校2年生）

〈準備〉

・A4 が入る紙封筒 5 枚
・各封筒に出題者だけに見えるように小さく書名を書き，1 冊ずつ日本の昔話の本を入れて，机や台の上に重ねて置く

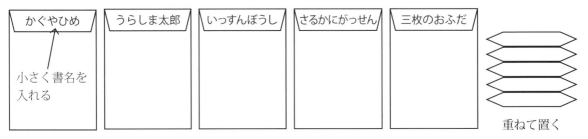

かぐやひめ

小さく書名を
入れる

うらしま太郎

いっすんぼうし

さるかにがっせん

三枚のおふだ

重ねて置く

〈シナリオ〉

　　これから，日本の昔話クイズをします。ここに，5 つの紙袋があります。この中には，1 冊ずつ，日本の昔話の絵本が入っています。ヒントを言いますから，わかった人は答えてくださいね。
　　（1 つの袋を持ち上げて）**第 1 問**。（間をとって）最初のヒントは「月」です。次のヒントは「竹」です。（ここでだいたい『かぐやひめ』と正解が出る。）はい，正解は，『かぐやひめ』でした。（と，絵本を出して見せる。全員に表紙をよく見せる。）
　　（次の袋を持って）では，**第 2 問**。最初のヒントは，「亀」です。次のヒントは，「海」です。次のヒントは，「竜宮城」です。（ここで『うらしま太郎』と正解が出る。）うらしま太郎は何をもらって来るの？（子どもたちから「玉手箱」という答えが出る。出なかったら，その場面の絵をゆっくり見せる。）
　　（次の袋を持って）では，**第 3 問**です。最初のヒントは，「鬼」です。（ここで，桃太郎が出る場合があるが，首を横にふって）次のヒントを聞いてね。「お椀」です。「お箸」です。（ここで『いっすんぼうし』が出てくる。絵本を出して見せる。）一寸ってこのくらいなの。（親指と人差し指で 3㎝ ぐらいを示して見せる。）こんなに小さいのにどうやって鬼と戦うんでしょうね。
　　（次の袋を持って）**第 4 問**です。最初のヒントは，「おむすび」です。（ここで，『おむすびころりん』と『さるかにがっせん』が出ることが多い。）どっちの話かな？　次のヒントは，「柿」です。わかる人全員でどうぞ。（児童，声をそろえて『さるかにがっせん』と答える。）
　　（次の袋を持って中をのぞいて）次はちょっと難しいかな？　**第 5 問**。最初のヒントは，「栗」です。次のヒントは，「こぞうさん」。その次のヒントは「やまんば」。「おふだ」。……正解は『三枚のおふだ』です。（と言って絵本を取り出して表紙の絵を見せる。）
　　今，クイズにした昔話は，どれもとてもおもしろいです。知っている昔話も，もう一度読むと，少し違うところが発見できます。他にもたくさん日本の昔話があるので，一人 1 冊ずつ読んでみましょう。

T：担任　　　L：学校司書　　　S：児童

〈シナリオ〉　＊『ごちゃまぜカメレオン』を読み聞かせたあとに，1ヵ所に集まっている場所で。

T：これから，図書室の先生（○○先生）に図鑑の調べ方を教えてもらいます。

L：『ごちゃまぜカメレオン』，おもしろかったですね。どの動物のところが一番びっくりしましたか？　また，あとでよく見てくださいね。ところで，皆さんに聞きたいんですけど，カメレオンて本当にいるのでしょうか？

S：（うなずいたり，「いる」と答えたりする。）

L：では，動物を見て変身しますか？

S：（笑いながら）しない，しない。（と答える。）

L：では，色は変わるの？

S：変わる，変わる，テレビで見たことある。（など答える。）

L：そうですか？　では，大きさはどれくらい？

S：（両手で小さい幅，大きい幅を広げて見せて，首をかしげる。）

L：オスとメスいるの？

S：（首をかしげて）たぶん，いるんじゃないかな？

L：では，カメレオンの本当のことを知るにはどうしたらいいの？

S：本。図鑑を見る。（と答える。）

L：そうですね。図鑑で調べるといいですよね。（と言って，1冊の動物図鑑を見せる。）この図鑑にはカメレオンのこと，出ているでしょうか？

S：（口々に）出てる。出てないと思う。（と答える。）

L：では，どうしたらカメレオンが出ているかどうか，わかるでしょうか？　1枚1枚，めくって見るのではない方法で。

S：目次を見ます。

L：そうですね。目次にもあります。目次以外には？

S：後ろの目次みたいなのを見ます。

L：そうですね。これは「**索引**」と言います。今から索引を印刷したものを配ります。自分の席にもどってください。

L：カメレオンが出ているか確認しましょう。索引は何順で並んでいますか？

S：あいうえお順。

L：はい，カメレオンを見つけた人は赤で囲んでください。（全員，見つけたのを確認して）では，そのページを見てみます。（動物図鑑のカメレオンのページを開いて見せる。書画カメラがあったら拡大して見せる。）このように，名前がわかっているものを調べるときには，索引を使うと便利です。このページには，カメレオンは，○センチメートルと出ていました。○センチメートルのカメレオンもいるそうです。詳しくは，また見てくださいね。

T：それでは，図鑑の調べ方がわかった皆さんに，図鑑で調べる問題を出します。（模造紙を広げて見せながら）ここにあることを調べてみましょう。調べてわかったことは，このワークシートに書いてください。問題は，このクラスの人数分，35題あります。まず，自分の出席番号と同じ番号の問題に取り組んでみましょう。

5　ブックトーク─椋鳩十の作品に親しもう─（小学校5年生）

〈シナリオ〉　＊物語のブックトークのキーワードは，「ところが」。

　椋鳩十さんは，たくさんの動物の物語を書いています。どの物語も，実際に猟師に聞いたり，椋鳩十さん自身が動物と接したりする中で経験した，本当にあったことに基づいて書かれています。ですから，読んでいると自分もその場にいるような気持ちになります。

　最初に紹介するのは，『片耳の大シカ』です。物語の場所は，鹿児島県の屋久島です。（日本地図を指さしながら）どんな島か読みます。（『片耳の大シカ』の最初の文章を読む。）主人公「ぼく」は，シカ狩りの名人の吉助おじさんにさそわれて，冬の屋久島に行きました。

　狩りに出かけると，片方の耳が鉄砲でやられてもぎとられている片耳の大鹿に出会います。狩人仲間がみんな，ねらっている大物です。その狩人仲間の一人，次郎吉も加わり，犬たちをひきつれて片耳の大鹿を追い詰めました。

　ところが，そのとき大雨が降ってきます。屋久島の天候はひとたび荒れだすと大変なのです。（嵐の場面を読む。）寒さとおそろしさで震えていると，今度は眠気が襲ってきます。「眠ったら死んでしまう」そう言っておじさんにひどくなぐられ，目を開けますがまた眠くなります。どこをどう歩いたのか，やっとほら穴にたどりつきました。体が寒さでがたがたふるえています。このまま死んでしまうかもしれない，と，思ったとき，暗さに慣れた目にとびこんできたのは，互いにからだをすりつけている30頭近いシカの群れと，15，6頭のサルでした。サルは人間のように膝を立てて固まって座っています。シカの毛皮はとってもあたたかそうです。このあとどうなるかは読んでみてください。

　（『椋鳩十のシカ物語』を持って）この本には，他にもシカの物語がいくつもあります。野犬とたたかうシカ，我が子を助けたい一心で知恵を働かせる母親のシカ，人間に助けられて，花子と仲良しになるシカ，このシカは花子の命を救います。

　もう一つ，椋鳩十さんの作品の中から，ネコの出てくる物語を紹介しましょう。この中に，おうちでネコを飼っている人いますか？　かわいいですよね。でもね，この『椋鳩十のネコ物語』の最初に出てくるネコは，困ったノラネコなんです。「私」，椋鳩十さんでしょうね。は，スズメの鳴き声が好きで毎朝楽しんで聴いていたのに，そのスズメをネコがくわえて持っていくのです。私は，ステッキをふりあげてネコを追います。そうすると，屋根のてっぺんに逃げて，ゆっくりあくびをするのです。にくらしいですね。それだけではありません。ある日庭が臭くなりました。ネコたちが仕返しにくそをするのです。朝ごはんを食べようとすると臭いにおいが入ってきます。いやですねえ。**ところが**，ある日，そのにおいがしなくなりました。ネコが椋鳩十さんの家の庭をトイレにするのをやめたのです。学校に通っている長男が何かしたようです。どんなことをしたんでしょうね？

　今，紹介した以外にも椋鳩十さんはたくさんの動物の物語を書いています。皆さんはどの物語に心打たれるでしょうか？　読んでみてください。

※参考図書：椋鳩十作，宮澤英子絵『椋鳩十まるごと動物ものがたり④　椋鳩十のネコ物語』理論社
椋鳩十作，町和生絵『椋鳩十まるごと動物ものがたり⑧　椋鳩十のシカ物語』理論社

6　伝記クイズ（小学校6年生）

〈準備〉

・A4 が入る紙封筒 5 枚
・各封筒に 1 冊ずつ伝記の本を入れて，机や台の上に重ねて置く（p.83「むかしばなしクイズ」の〈準備〉参照）

〈シナリオ〉

　皆さん，伝記を読んだことがありますか？　これから，伝記クイズ「わたしは誰でしょう？」をします。ここに，5 つの紙袋があります。この中には，1 冊ずつ，伝記の本が入っています。ヒントを言いますから，わかった人は手をあげないですぐに答えてくださいね。
　（1 つの袋を持ち上げて）**第1問**。私は誰でしょう？　私はアメリカの男性です。質問ばかりして先生を困らせ，小学校をやめてしまい，お母さんと勉強しました。電球などたくさんの発明をしたので発明王とも呼ばれています。「天才とは，1%のひらめきと 99%の努力である」という有名な言葉が残されています。（『エジソン』と正解が出る。）はい，正解は，『エジソン』です。（本を出して見せる。）
　（次の袋を持って。〈以下，正解が出たら同じように本を見せる〉）**第2問**。私は誰でしょう？　私は日本の男性です。福島で生まれました。小さいときにやけどして，左手が開かなくなってしまいました。でも，たくさん勉強をしました。大きくなって手術で手の指を治してもらったのをきっかけに医学の道に入りました。そして，黄熱病という伝染病の研究をして人々を救いました。
　第3問。私は誰でしょう？　私はアメリカの女性です。生まれたときにはとても健康でした。しかし，小さいときに重い病気にかかり，目が見えなくなり，耳が聞こえなくなり，そして言葉も忘れて話せなくなってしまいました。（指を 1 本ずつ立てながら）目，耳，言葉，この 3 つの苦しみ，三重苦を背負ってしまったのです。でも，サリバン先生という素晴らしい方との出会いがあり，また言葉を話せるようになり，大学も出て，福祉のために尽くしました。日本にも来たんですよ。
　第4問。私は誰でしょう。私は，イギリスの女性です。私が若い頃，まだ看護師は今のように立派な仕事になっていませんでした。周囲に反対されながら，戦争で傷ついた兵士を敵味方なく手当をし，「クリミアの天使」と呼ばれました。その後，看護師の学校をつくり，今の看護の基礎を作りました。
　第5問。私は誰でしょう。私は，アメリカの第 16 代大統領です。アメリカの元大統領のオバマ氏にとても尊敬されています。国民のだれもが平等に暮らせるように奴隷解放宣言をしました。正解は『リンカーン』です。リンカーンはワシントンの伝記を読んで大統領になりたいと思ったと，この伝記に書いてあります。

　伝記には「こうなりたい。こんな生き方がしたい」というヒントがたくさん詰まっています。皆さんも自分の将来の夢や生き方のヒントを伝記の中に見つけてください。

7　情報カードの書き方（本で調べるとき）

情報カード　No.	氏名		
Q.			
A.			
参考資料	書名		(p.　　　)
	著者	出版社	出版年

〈準備〉
・情報カードを班ごとにまとめて置いておく。
・「著作権を守る」,「奥付」と書いたカード。
・奥付を拡大して印刷した紙。または,書画カメラ。
・タイトルと副題が大きく書いてある本。

〈説明のシナリオ〉

　これから,情報カードの書き方を説明しますので,配ってある紙をよく見てください。

　情報カードは,皆さんが調べてまとめるための基本情報になります。ナンバーは,何枚目のカードかを書きます。この時間は2枚を目標に書いてください。（事前に指導教諭と打ち合わせて,目標枚数を決めておく。）

　Q.のクエスチョンには,疑問の形で,調べたいことを書きます。

　A.のアンサーには,その答えになるように,調べたことを書きます。

　その書き方は,短い文章だったら,そのまま写して書いていいです。長い文章のときには,書いてあることを短くまとめて書いてください。あとで,自分が見直して,わかりやすいように書いてください。絵や図を描いておいてもいいです。最後の行まで書かなくていいです。

　このカードを書きためていくうちに,自分で作文やレポートに書きたいことが,はっきりしてきます。また,次の疑問が出てきたりします。そして,だんだん,おもしろくなってきます。

　次に,参考資料の書き方を説明します。皆さんは,「著作権を守る」という言い方を聞いたことがありますね。（「著作権を守る」と書いたカードを見せる。）これは,書いた人の権利を守るという大切なことです。皆さんがこれからこのカードに書くことは,誰かが苦労して調べて本にまとめたことですね。誰が書いたことなのか,自分の意見と区別してきちんと書いておくことは,これから高校生になっても,大学生や大人になっても大事なルールです。

　まず,書名を書きます。本によっては副題がありますが,大きく書いてあるところだけ書いてください。（副題がついている本の例を見せる。）調べたページも書いておきます。

　著者,出版社,出版年は,本の後ろのほうの奥付（「奥付」と書いたカードを見せる。）を見ます。（拡大して奥付を見せる。あるいは,大きくコピーしたものを掲示する。）

　著者については,何人か書いてある場合,最初の人だけ書きます。出版社は,発行所と書いてあります。株式会社は書きません。出版年は,いくつかある場合は,一番新しい年を書いてください。

　わからないことがあったら,質問してください。

8　出典の書き方（中学校1年生）

　　今まで，出典を書いたことがない中学校1年生を想定したシナリオです。ここでは「情報カード」にしていますが，「ワークシート」「ノート」など適宜，置き換えてください。学年や，今までの調べた経験によって内容を変えてください。

〈準備〉
・カード「出典を明記する」「著作権を守る」「奥付」「書名」「著者」「出版社」「出版年」
・一人1冊ずつの調べる本　　・情報カード　　・拡大コピーした奥付の例または，書画カメラ

〈説明のシナリオ〉

　　皆さんは，これから本やインターネットを使って調べますね。その時に，必ずどこに書いてあることなのか記録しておいてください。そのことを「出典を明記する」と言います。（「出典を明記する」と書いたカードを貼る。）

　　皆さんは，友だちに何か借りるとき，「貸して」と言いますよね。本やインターネットの情報は，誰かが調べたり考えたりしたことで，それを参考にさせてもらうのですから，「参考にさせてもらいます」と伝えないといけません。「どうぞ使ってください」という返事は来ませんけどね。これは「著作権を守る」ための大切なルールです。著作権というのは，書いた人の権利です。（「著作権を守る」と書いたカードを貼る。）

　　「コピペ」という言葉を聞いたことがありますか？　コピーアンドペーストを略した言い方です。他の人が書いた文章をそのまま貼り付けることですが，その時に，出典を書かないで，自分が書いたようにするのは，とても悪いことです。気をつけましょうね。

　　本で調べるときの出典の書き方を説明します。今，持ってきた本の後ろのほうにある奥付という，本についての説明が書いてあるページを開けてください。（前に拡大コピーした奥付を掲示する。または，書画カメラで拡大して見せる。「奥付」というカードをその上部に貼る。）

　　（全員，奥付が開けられたか確認をしてから）まず，書くことは，「書名」本の題名です。次に「著者」です。著者が何人も書いてある場合は最初の人を書きましょう。次の「出版社」ですが，奥付には「発行所」と書いてあります。印刷所ではありません。株式会社は書かなくていいです。最後に「出版年」を書きます。出版年は，書いてある中で，一番新しい年を書きましょう。もし，持ってきた本が3年以上前の本だったら，内容によっては情報が古いかもしれません。気を付けてください。

　　では，1冊目の本の出典を，情報カードに書いてみましょう。わからないことがあったら聞いてください。

9　インターネット情報の選び方，出典の書き方

〈準備〉
・インターネットにつなげたパソコンまたはタブレット PC　・プロジェクター　・スクリーン

〈説明のシナリオ〉

　皆さんは，これからインターネットの情報を探して参考にしますが，次のことに注意してください。インターネットで検索できることが全て正しいとは限りません。

　まず，誰もが書き込めるようになっているサイトは，免責事項というところを見ると，「その正確性については一切保証できません」と書いてあるので，正確かどうかはわかりません。見るのは自由ですけれども，調べたことを発表するのですから，自分が書くことには責任がありますね。不確かな情報は載せられません。それから，個人のブログや，匿名で書いてある情報，質問して答えるサイトも，誰が書いたかわからないので，信頼できるかどうかは，はっきりしません。

　公的な機関，国，都道府県，市区町村の情報は信頼できます。例えば，外国のことを調べたいときには，「外務省」の情報は確かです。博物館や，観光協会，大学，住所や連絡先もきちんと出ている企業のサイトの情報も信用できます。更新されている年月日も確認しましょう。古い情報は使えませんね。

　次に，インターネット情報の出典の書き方を説明します。インターネットの情報は，サイト名と URL と調べた年月日を書きます。なぜ，調べた年月日を書くかと言うと，その情報は，明日には消えていることも考えられるからです。いつの情報なのかということを書いておきます。（例として，実際に，外務省のサイトから，「キッズ外務省」を検索してスクリーンに映して，どこかの国のことを見せるとわかりやすい。）

　このサイトを参考にするとしたら，次のように書きます。
　キッズ外務省　https://www.mofa.go.jp/mofaj/kids/index.html （2020.11.15）
　　　↑サイト名　　　　　　　　　　　↑ＵＲＬ　　　　　　　　　　　↑調べた年月日
（パワーポイントに実際に転記して見せるか，紙に書いておいたものを見せる。）
　情報カードやワークシート，ノートに手書きで書く場合には，URL は省略して，サイト名と調べた年月日は必ず書いておいてください。

10　ブックトーク—テーマ「夢」— （中学校）

〈シナリオ〉

　皆さんはどんな夢を持っていますか？　これからするブックトークのテーマは「夢」です。まずは,『**ドリーム・プロジェクト**』。夢のプロジェクトです。（本の表紙を見せる。）

　中学校2年生の拓真の家に,じいちゃんが同居することになりました。ばあちゃんが亡くなって一人暮らしが難しくなったからです。じいちゃんが住んでいた奥沢は,今は,住んでいる人が少なくなり,車に乗らないじいちゃんが一人で住めるところではありません。住まいにしていた築76年の古民家は,修理が必要です。けれども,じいちゃんは自分の家に戻りたいのです。その気持ちがわかった拓真は,お父さんに頼んで休みの日に車で奥沢のじいちゃんの家に一緒に帰りました。すると近所の人が遊びに来てくれて,じいちゃんはとてもうれしそうにしています。夕方,庭に面した廊下に座り,美しく沈む夕日を眺めているじいちゃんを見て,拓真は何かできないかと考えます。

　翌日,じいちゃんの家を修理ができないか,ぼやいていると,クラスメイトの日菜子がいい提案をしてくれました。クラウドファンディングで資金を集めるというのです。行動力のある日菜子は,さっさとクラウドファンディングの会社,ポラリスにメールを送り,話を進めてしまいます。話はどんどん進み,日菜子と仲の良い翠と,皮肉屋だけどしっかりしている健斗,拓真が密かに心を寄せている千里がメンバーとなり,じいちゃんの家を修理して人が集える場所づくり,「夕日の家プロジェクト」が立ち上がりました。

　ポラリスの協力で,インターネットのページも公開されました。期限は4月4日。それまでの2ヵ月間に160万円集める計画です。中学生が立ち上げたプロジェクト,うまくいくのでしょうか？

　早速問題が起きてしまいました。日菜子の暴走です。勝手なことをしてメンバーに亀裂ができます。資金のほうは,大人たちの協力もあり,80万円までになりましたが,思ったほど集まりません。さて,拓真の夢はかなうのでしょうか？

　次の夢に関する本は,体験談に基づいて書かれた『**真夜中のディズニーで考えた働く幸せ**』です。筆者の鎌田さんは,新婚旅行でアメリカのディズニーランドに行き,そのすばらしさに感動して,日本で1983年に開園されるディズニーランドで働きたいという夢を持ちました。

　鎌田さんは仕事を辞めて英語の勉強を始め,アメリカのディズニーランドに手紙を書き,日本のディズニーランドで採用してもらえるように頼みます。しかし,書類選考で落ちてしまいます。2回目の応募でも書類選考落ち。それでもあきらめきれず,アメリカのディズニーランドに行き,交渉しました。手ごたえはあったものの,やはり不採用。それでもあきらめず,なんと,5回目のトライでやっとディズニーランドで採用になりました。

　しかし,採用になったものの,このタイトルの通り「真夜中」の勤務,次の日の開園に向けての清掃担当だったのです。ところが,この清掃を通して鎌田さんは幸せを掴むことができました。「夢」の実現に向けてのワークシートもついています。ぜひ,読んでみてください。

※参考図書：濱野京子著『ドリーム・プロジェクト』PHP研究所
鎌田洋著『真夜中のディズニーで考えた働く幸せ』（14歳の世渡り術）河出書房新社

◆ブックトークシナリオ用紙

ブックトークシナリオ

年　　　組　　　番　氏名〔　　　　　　　　　　　　　〕

＊物語は「ところが」，物語以外は「例えば」を入れましょう。

◎シナリオを見ないで話せるように練習しておきましょう。

学校司書への期待

中学に勤務する学校司書から，次のようなメールをいただきました。

「学校にも慣れて，放課後は生徒が学校図書館に来てくれるようになり，お馴染みさんもできて，とても楽しくなりました。」

放課後の学校図書館での，楽しいおしゃべりが聞こえてくるようです。さらに，先生方とも良好な信頼関係を築いていただきたいと思いました。

現在，学校司書として勤務されている方は，教職員の食器棚にマイカップは置いてありますか？　職員室には，兼用でもいいので，机がありますか？　先生方と雑談をしていますか？　たとえ，週1日の勤務であっても，その学校の職員の一人として，先生方との信頼関係を作り，気軽に話してもらえる関係になってください。そこから，本についての話題が広がり，学校図書館を授業で活用することにもつながっていきます。

学校図書館の活用が盛んになってくると「授業で使いたいのですが，〇〇の本，ありますか？」と聞かれることが多くなります。聞かれている内容の本がない場合，すぐには浮かばない場合もあります。そのときには，「ありません」「わかりません」と答えないで「少し時間をください」と答えましょう。それから，学校図書館の本を確認し，百科事典などに少しでも関連する情報が出てないか調べ，学校司書仲間に問い合わせ，公共図書館にも行ってみましょう。どうしてもなかったらインターネットの情報もいいでしょう。翌日には，その先生に本を渡すか，何らかの回答をお伝えしましょう。さらに，毎日の新聞もよく見て，関連する情報の切り抜きを渡してください。

このように心がけていると，また次に依頼されるようになります。この積み重ねによって，プロの学校司書としてあてにされる人になります。学校図書館を使う授業も増えて，子どもたちの読む力，調べる力も育っていきます。

子どもたちの名前もできるだけ覚えて，学校図書館以外の場所，廊下ですれ違うときなどにもちょっと声をかけてください。大学院の研究で，他の自治体よりも早い時期に学校司書が全校配置になった市で，中心となって進めた元指導主事にインタビューをしました。「学校図書館に学校司書を置く必要を感じたのは，自分自身の小学校には学校司書がいて，声をかけてもらったことがきっかけで，学校図書館に通うようになったから」と話してくださいました。

現在，熱心な学校司書の姿を見ている子どもたちの中から，また，同じ学校に勤務している先生方の中から，教育委員会で，学校図書館を整備する立場に就く人が出るかもしれません。また，学校司書の存在を理解する市民も増えていきます。「学校司書が絶対に必要」という世論を作っていくためにも，全国の学校司書の今の努力が大切です。頑張りましょう。

第4章

学校図書館を授業で
活用するための基礎知識

◎**本章は，……**

　学校図書館で授業を進める際に必要な基礎知識，実施する際の留意点をまとめました。

　特に，司書教諭，学校司書に理解しておいていただきたい内容です。

1　日本十進分類法（Nippon Decimal Classification）

　多くの学校は日本十進分類法（NDC）を使って本を分類し，配架しています。

　学校図書館の担当者が変わっても，同じ方法で分類を継続することができます。また，公共図書館と同じ分類方法なので，子どもたちが覚えやすいという利点もあります。

　『日本十進分類法』（日本図書館協会）をカウンター内に1冊置いて，利用してください。

日本十進分類法	小学生向きの表示の例
0類　総記	0類　調べる本
1類　哲学	1類　心・考え方
2類　歴史・地理	2類　歴史・地理・えらい人の話
3類　社会科学	3類　社会
4類　自然科学	4類　算数・理科・いきもの
5類　技術	5類　工場・家庭科・環境
6類　産業	6類　産業・通信
7類　芸術・スポーツ	7類　音楽・図工・体育・あそび
8類　言葉	8類　ことば・国語
9類　文学	9類　ものがたり

＊低学年が好む分類はひらがなで書きます。

・0類から9類まで棚の左から右へ順に置く（右回り，時計回り），の基本を守って配架してください。ただし，書架の配置や大きさ，高さによって，必ずしも0類から順に配架できない場合もでてきます。例えば，4類だけ別の場所に移すこともあります。

・絵本，大型本，小型本などは，別置（NDCの分類以外に置くこと）の方が使いやすいので，よく考えて配架してください。

・各分類の棚の上には，「○類」というサインを示し，壁面には，見やすく分類の一覧を掲示します。

・日本十進分類法（NDC）は，小学校1年生から，わかる範囲で，毎年教えてください。（p.80, 81参照）

2　絵本の読み聞かせの仕方

　読み聞かせは，取り組みやすい読書指導です。次のことに留意して行ってください。

1．カバーと絵本の表紙の絵が同じ場合は，
　　カバーをはずしてください。

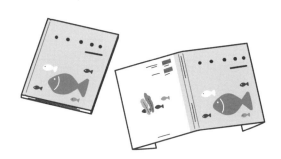

2．開き癖をつけてください。特に新しい本
　　は，しっかりと押してきれいに絵が見える
　　ようにしましょう。

3．本の表紙をしっかり見せて，本の題名，作者名を
　　言います。子どもたちが床に座っていたら椅子に座っ
　　て，椅子に座っていたら立って読みます。絵が見え
　　ない子がいないように，見る位置を決めさせ，読ん
　　でいる間は移動しないように言います。

4．見返し，扉を1枚ずつ，ゆっくりめくります。ス
　　テージの幕が上がっていくような感じで，期待感が
　　高まります。

見返し　　　　　　　　　　扉

5．横書きの絵本は，右側に持ちます。右手で，真ん中の下をしっかり持ち，ぐらぐらしないように，絵が子どもたちによく見えるように持ちます。

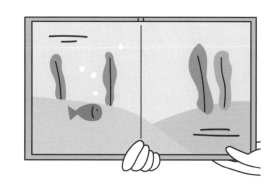

6．左手は，1枚めくれるように持って準備しながら読みます。

7．めくる左手が絵を隠さないようにするため，親指をページの下に入れて，滑らせるように動かし静かにめくります。

左手が絵の上にかぶさってしまっている，よくない例です。

＊縦書きの絵本は，左側に持つと，絵を隠さずに，きれいにめくれます。

> 　全員に聞こえる声で，はっきりと読んでください。読み聞かせに慣れていない学級は，会話は会話らしく，また，抑揚をつけたほうが聞きます。よく聞く学級は，物語に集中できるように，控えめに，静かに読んでください。

8．裏表紙を見せて，最後に表表紙を見せて，もう一度，題名を言っておしまいです。

> 　表表紙と裏表紙の絵がつながっている場合は，広げて見せてください。

9．読み終わった本は，すぐにしまってしまわずに，イーゼルに立てかけたり，開いて立てたりして，子どもたちに書名が見えるように置いてください。

（協力：元千葉県八千代市・小代智子学校司書）

3　ブックトーク

　ブックトークとは，本を読みたい気持ちにさせるようにテーマを決めて何冊かの本を紹介する**方法です。**

　「これがブックトークです」というきまりはなく，その人その人の方法があります。成功したかどうかは，聞いた人が「読みたい」と思うかどうかです。

　ストーリーのある物語は，結末は言いません。ストーリーのない本は，その本の中で，聞き手が関心を持ちそうな例を紹介します。

　筆者は，大失敗のブックトークをしたことがあります。中学校2年生に，「生きる」というテーマで，1類（哲学）の本を3冊選んで朝読書の時間にブックトークをしました。ところが，生徒は冷めた表情で，誰も読みたいという様子を見せません。話せば話すほど，潮が引くように，遠く遠くへ去って行ってしまうような感触でした。何がいけなかったのでしょうか。それは，本を通して生きるとはどういうことかという「私の意見」を話してしまったからです。**ブックトークというのは，本の案内です。**本の内容を紹介することが目的ですから，「私の意見」を入れては魅力がなくなり，お説教のようになってしまうのです。

　その後，ブックトークの方法を変更して，お話を語るように，自分の意見を入れないようにしたら，よく聞いてもらえるようになりました。

　物語の場合は，起承転結の，転まで話して，「あとは読んでください」という手法をとります。このブックトークを聴いた人の中には，「そこまで話してしまっていいんですか？」と言われる方がいますが，聞き手として，物語を読むのが苦手な児童生徒を想定し，その子らを「次はどうなるの？」と期待するところまで連れていくため，物語の最後に近いところまで話すようにしています。ですから，「あとは読んでください」と言いますと，「え？　そこで切るの？」という表情を見せます。

　司書教諭講習で実演したときには，大学生から「みごとにはめられました。読みたくなりました」というコメントがあり，その書き方に思わず笑ってしまったこともあります。

　この，お話を語るようなブックトークは，話しやすいですし，聞きやすいのではないかと思います。大学の授業で学生に実演して聞いてもらった後，教育実習で実際に子どもにブックトークをしてくる課題を出していますが，この方法をマスターした学生の多くが「子どもたちが，とびついて読んでくれた」と手応えがあったことを喜んでいます。

　本書には，2冊の本を紹介するブックトークとして，「椋鳩十の作品に親しもう」（p.85）と「夢」（p.90）のブックトークのシナリオを載せましたので，参考にしてください。

　まず，**自分が感動しないと話せませんので，よく知っている本でも再度読み直しましょう。**話すときには，間をとったり，質問して誰かに答えてもらったりということも入れてあります。ただし，**原稿を作ってそれを見ながら話すのは NG です。**大事なことは本の裏にメモで貼って忘れないようにし，あとは児童生徒の表情をよく見て，反応に合わせて話してください。

4　1冊のブックトーク

　ブックトークとは，一般的には，１つのテーマで数冊の本をつなげて紹介する方法ですが，ブックトークの準備の時間，実施をする時間をなかなかとれないのが現状ではないでしょうか？

　そこで，１冊だけのブックトークを５分ぐらいでする方法をおすすめしています。聞き手に読みたいと思ってもらえるブックトークのコツは，以下です。

　物語は，結末を言いません。まず，主人公の名前，年齢，時代，場所を話して，物語の背景となる人物像，またはできごとを少し詳しく話します。キーワードは「**ところが**」です。この言葉を聞き手は待っています。

　物語以外の本は，１つの例をとりあげて詳しく話します。キーワードは「**例えば**」です。最初の言葉は，聞き手に問いかけるように話してください。「この作者を知っていますか？」「みなさん，○○は好きですか？」などです。

　禁句は「いろいろあります」「ためになります」です。内容が伝わらない言葉は避けましょう。

◇紹介する本について書いて，話すことをまとめておきましょう。

書　　名				
作　　者				
ストーリーがある本	主　人　公	名前	年齢	特徴
	時代・場所			
	最初の言葉			
	ひきつける出来事	ところが，		
ストーリーがない本	最初の言葉			
	すすめたい理由			
	例として示す	例えば，		

5　ビブリオバトル

　ビブリオは，書籍を表すラテン語由来の接頭語で，バトルは戦いを意味しています。**本の紹介をして，どの本を読みたくなったか聞き手が投票して競う方法**です。

ビブリオバトル公式ルール（知的書評合戦ビブリオバトル公式サイトより）

　1．発表参加者が読んで面白いと思った本を持って集まる。

　2．順番に一人5分間で本を紹介する。

　3．それぞれの発表の後に参加者全員でその発表に関するディスカッションを2～3分行う。

　4．全ての発表が終了した後に「どの本が一番読みたくなったか？」を基準とした投票を参加者全員一票で行い，最多票を集めたものを『チャンプ本』とする。

　　　　　　　　＊自分の紹介した本には投票せず，紹介者も他の発表者の本に投票する。

小学校で実施した例

　【1】～【3】のいずれも，小学校6年生の学級で実践しました。本の紹介時間を3分間で行う，「ミニ・ビブリオバトル」を実践した学校もあります。

【1】　①　各クラスとも，各班で，ビブリオバトルを実施し，班のチャンプ本を決める。

　　　　②　各班の代表が，クラスの前で発表してクラスのチャンプ本を決定する。

【2】　①　各班で，ビブリオバトルを実施し，チャンプ本を決める。

　　　　②　チャンプ本になった本を班の全員が読み，5年生に班で紹介する。

【3】　①　班で伝記を1冊決めて読み，発表する方法を相談する。

　　　　②　班対抗のビブリオバトルをする。

中学校で実施した例

【1】　昼休み（放課後）のイベントとして実施

【2】　国語の時間，古典の本（物語）のビブリオバトル

※参考：谷口忠大 著『ビブリオバトル　本を知り人を知る書評ゲーム』（文春新書）文藝春秋，2013年
　　　　知的書評合戦ビブリオバトル公式ウェブサイト　http://www.bibliobattle.jp/rules（参照 2020.12.03）

6　読書会

　読書会は，昭和28年に制定された「学校図書館法」にも記載されていて，**最近，見直されている，古くて新しい指導方法**です。

　本を通して語り合うことで，読書の楽しさを知り，意見交換によって，お互いの考えを尊重する良さを学びます。また，次の読書へとつながります。

読書会に向いている本

小学校
1年　『はじめてのおつかい』（福音館書店）『ジオジオのかんむり』（福音館書店）
2年　『ペンギンのひな』（福音館書店）
3年　『火よう日のごちそうはヒキガエル』（評論社）
4年　『しっぱいにかんぱい』（童心社）『ココロ屋』（文研出版）
5年　『オオカミ王ロボ』（童心社）『ぼくのお姉さん（歯型）』（偕成社）
　　　『葉っぱのフレディ』（童話屋）
6年　『キング牧師の力づよいことば　マーティン・ルーサー・キングの生涯』（国土社）
小学校　高学年用
『おおきな木』（あすなろ書房）『じっぽ』（あかね書房）
『よだかの星』（全国学校図書館協議会　集団読書テキスト）
中学生以上
『杜子春』（偕成社）『最後の一葉』（偕成社）『おおきな木』（あすなろ書房）
『ぼくを探しに』（講談社）『チヨ子』（光文社）『わたしのいもうと』（偕成社）
・上記の他に全国SLA（学校図書館協議会）の冊子を参照したり，生徒（図書委員）の希望で選んだりする。

読書会の進め方

・各自で読ませておいてから，一度，学校司書か担任の先生が「聞かせ読み」（一人一人に本を持たせて読んで聞かせる方法）を行う。その際，難しい言葉などを説明しておく。簡単な感想を書かせる。
・感想を司会者（先生）が把握して，読書会を進める。T2で学校司書が入ることもある。最初に，読書会のルールとして「友だちの意見を大事にする。自分の考えたことを話す」を伝える。
・授業外，放課後などでは，学校司書が司会をしてもよい。
・小学校高学年以上は，感想が分かれるところを焦点化し，班で話し合わせ，各班代表が発表する。
・小学校低学年は，心に残るところとその理由を話すようにさせる。絵をよく見せて，考えたことを発表させる。最後は登場人物に向けて手紙を書いたり，絵を描いたりする。
・読書会の最後に関連する本を紹介する。

＊小学校の読書会に向いている本は，元兵庫県西宮市内小学校・曲里由喜子司書教諭の実践を参考にさせていただきました。

7　探究的な学習の進め方

　総合的な学習の時間などで，学校図書館，コンピュータ室やタブレットを活用して探究的な学習を進めることが一般的になってきました。

　児童生徒に学習過程を示しておきます。本書では，

　　1　自分のテーマを決める　　　2　資料を集めて調べる　　3　調べたことを整理する
　　4　考えをまとめて作品にする　　5　発表して共有する　　　6　ふりかえる

の6つの過程とします。

1　自分のテーマを決める

　全体の大きなテーマは，教師が示す際，関連するDVDを見せたり，先輩の作品を紹介したりするなどの動機付けをし，作品の形式，誰に向けて発表するのかも伝えておきます。

　自分のテーマを決める際には，小学校では仲間分けマップ，中学校ではウェビング，マッピングなどの発想法を使います。

　上記の発想法を行う場合，関連する本を用意し，参考にしながら発想をふくらませていくとよいでしょう。

2　資料を集めて調べる

　学校図書館の資料は限られていますので，事前に学校司書に伝えて，資料を集めておいてもらいます。パンフレットや新聞の切り抜き情報，チラシなども使えます。

　順序は，本で調べてからインターネットを調べるほうが，考えがまとまりやすく効率的です。複数の確かな情報源にあたるようにさせます。調べたことは情報カード（p.87 参照）にまとめ，出典を明記させます。

3　調べたことを整理する

　情報カードを並べて，伝え方の構成を考えさせます。調べた過程で得たことを伝えられるように，教師や学校司書が相談にのりながら考えを整理させます。

4　考えをまとめて作品にする

　レポートにするのか，掲示物を作るのか，パワーポイントでまとめるのか，などその時々で作品のまとめ方は異なりますが，読み手，聞き手のことを考えて作品にさせます。出典を書くことも伝えます。

5　発表して共有する

　発表は，練習時間をとってから，4〜6人の少人数を前に行い，相互評価する方法がおすすめです。相互評価はよい点と改善点をお互いに書かせるようにします。（p.35 参照）

6　ふりかえる

　友だちの評価を参考にしながら，自分の学習の過程をふりかえり，記録させます。情報カードと友だちからの評価と共に綴じて提出させます。これが次の探究的な学習につながります。

8　新聞の活用

　新聞を活用した教育は，NIE（Newspaper In Education）と言われて，様々な実践例が紹介されています。学校図書館でストックした新聞を授業で活用し，作成したものを学校図書館の廊下など，全校で見られる場所に掲示することをおすすめします。

　新聞を学校図書館用に購入していない学校では，先生方から寄贈してもらうという方法もあります。

活用例

・一人1部ずつ新聞を配り，心に残った記事を切り抜いて台紙に貼り，コメントを書く。
・図書委員がおすすめの新聞記事を切り抜き，指定された場所に掲示する。
・探究的な学習等で使うテーマを切り抜いて，台紙に貼りストックする。（著作権上，新聞のコピーは保存してはいけません。）
・朝読書の時間に新聞を読むように，一人一人に1部ずつ新聞を配付する。

◇切り抜き新聞

①　一人1部ずつ，その日または近い日の新聞を読み，テーマを決めて，記事を2つ以上切り抜く。
②　台紙に貼って，テーマを書く。
③　新聞記事の出典（○○新聞，○月○日，○面）と記事の余白に書く。
④　書く記事の要約と，考えたことを短く台紙の余白に，または別紙にまとめる。
⑤　4人グループ，または2人で，自分が作った切り抜き新聞の内容を紹介する。

◇まわしよみ新聞　＊4人ぐらいのグループで。（p.76, 77 参照）

①　各自，関心のある記事を切り抜く。使う時間によって1つか2つ。
②　切り抜いた記事について，グループで紹介し，話し合う。1つの記事について切り抜いた人が説明し，それについて他のメンバーが感想や意見を言う。
③　レイアウトをグループで話し合い，台紙に貼る。
　・余白に，「まわし読み新聞」（または，別のタイトル），新聞記事の出典，メンバー名を書く。
　・色をつけたり，イラスト，吹き出しなどを書いたりして楽しく仕上げる。
④　グループの代表が，クラス全員に発表する。
⑤　しばらくの間，教室の廊下，学校図書館の廊下に掲示しておく。

※参考：陸奥賢著『まわしよみ新聞をつくろう！』創元社
　　　　まわしよみ新聞　http://www.mawashiyomishinbun.info（参照 2020.12.03）

9 職員向け図書館だより

　図書館だよりを家庭向けに出している学校は多いと思いますが，ぜひ，職員向けにも出してください。職員というのは，教諭を含め全職員を指しています。回数は，先生方は忙しいので，あまり多くないほうがよいでしょう。1学期に1回もしくは2ヵ月に1回ぐらいが適当です。

　職員向け図書館だよりの効果は，山形県鶴岡市立朝暘第一小学校のビデオを見てわかりました。先生方は，他の学級，他の学年，他の教科で，どのように学校図書館を活用しているのか，知ることはほとんどありません。研究会や校内研修会以外で，自分の授業の成功例を話すということはないので，よい実践があっても伝わらないのです。

　学校司書は，学校図書館で行われる授業を支援しますし，学校図書館から貸し出してどのような授業が教室で行われているか把握することができます。それをぜひ，校内に広めていただきたいものです。職員向け図書館だよりを効果的に使うためには次のことに気を付けてください。

1．職員向け図書館だよりを学校司書が書いたとしても，司書教諭にも見てもらったり意見をもらったりして，例えば「学校図書館部」「学校図書館担当」というような書き方で司書教諭と一緒に出してください。司書教諭が書いている学校も同様に，学校司書と協力して書いていることが伝わるようにしてください。それは，学校運営組織の中の部署が出しているという意味になります。

2．職員向け図書館だよりは，伝えたいことが一目でわかるようにしてください。そのためには，見出しを大きくしたり，太くしたり，囲んだりして伝えたいことを強調します。カットよりも写真を使うほうが伝わりやすくなります。A4で1枚にまとめて，字数は少なめにします。

3．学校図書館を活用したよい授業例を，実施した先生の了承を得て紹介し，今後の学校図書館を使う授業の予定も入れてください。図書委員会のイベントの予定も紹介して，関心を持ってもらうとよいでしょう。

4．誰もがわかる数値を入れてください。例えば，一人当たりの貸出冊数，1学期の学校図書館を活用した授業の回数，学校図書館の本を一度も借りない児童生徒の割合，来館者数など。学級や学年の比較ではなく，昨年度と比べてください。グラフにしてもよいでしょう。これまで数値をとった経験では，右肩上がりに増えていきました。数値というのはわかりやすく励みになるからでしょう。

5．校長先生には，手渡しで報告を兼ねて一言，添えてください。学校図書館ガイドライン（p.128）には，「校長は，学校図書館の館長」と、示されています。校長先生が学校図書館を授業で使う場だと認識して，職員に声をかけてくださる学校は，活用が推進されます。学校図書館を使う授業を参観していただくのもよいでしょう。司書教諭自身が「学校図書館を授業で使うのでご指導ください」と言って理解を促すことも重要です。校長先生がカメラを持ってきて撮影し，学校だよりや学校のホームページで紹介してくださる学校もあります。

職員向け図書館だより

黎明中学校　学校図書館担当
2020 年 3 月

1．貸出状況

黎明中学校一人当たり貸出冊数

冊

- 2014 年度　1.8
- 2015 年度　3.1
- 2016 年度　4.4
- 2017 年度　5.9
- 2018 年度　6.2
- 2019 年度　8.0

2．学校図書館活用授業時数（授業時，教室への本貸出を含む）

4月	5月	6月	7月	9月	10月	11月	12月	1月	2月	3月	合計
16	22	18	30	16	24	33	20	16	8	16	219

☆昨年度は，182 時間でしたので，37 時間増えました。

3．お知らせ

図書委員による新入生へのおすすめコーナー

今後の予定

　4 月最初の時間割が決まらない期間に，新 1 年生の学校図書館オリエンテーションを例年どおり，担任の先生と学校司書と T.T. で行う予定です。

　次年度に向けて必要な本がありましたら，早めにお知らせください。

（写真後列左より時計回りに）日向理恵子 著，山田章博 絵 『火狩りの王〈一〉春の火』 ほるぷ出版／山崎聡一郎 著，伊藤ハムスター イラスト 『こども六法』 弘文堂／吉野源三郎 原作，羽賀翔一 漫画 『漫画 君たちはどう生きるか』 マガジンハウス／給料 BANK 著 『日本の給料 & 職業図鑑』 宝島社／村山早紀 著 『コンビニたそがれ堂』 ポプラ社／マレーナ・エルンマン，グレタ・トゥーンベリ 他 著，羽根由 訳 『グレタ たったひとりのストライキ』 海と月社／辻村七子 著，雪広うたこ 装画 『宝石商リチャード氏の謎鑑定』 集英社／梨木香歩 著 『西の魔女が死んだ』 新潮社
（選書・写真撮影：高崎健康福祉大学・小柳聡美非常勤講師）

10 必ず成功する学校図書館の授業のポイント

学校図書館で授業をしたいけれども，児童生徒の掌握ができない，授業として成立しないということが言われます。次の6つのポイントを押さえれば，授業として成立しますし，子どもたちが一生懸命に学習する姿が見られます。

1 席は教師が決める。自由席にしない

教室と同じように，先生が席を決めてください。「好きな人どうしで」は禁止です。どうしても，休み時間のような雰囲気になり私語も多くなります。

2 めあてを持って学校図書館に入る

それぞれの教科の単元のねらいに合わせて，何をするのかわかった上で学校図書館に入るようにさせます。小学校では，「図書の時間」を設けている学校がありますが，その場合も「好きな本を読みましょう」と言わないで，「○○を読みましょう」とめあてを決めて伝えてください。好きな本がない児童は決められませんし，好きな本が決まっている児童はそれ以外の本を読まず，読書の幅が広がらない傾向が見られます。

3 本の貸し出し返却は，授業の最後にする

授業は，教室と同じように定刻で始めます。この時間のめあてを言って始めてください。
ですから，開始が遅れないように本の貸し出し返却は，授業の最後に時間をとります。

4 学校司書と事前に打ち合わせをしておく

学校図書館での授業は，どんなねらいで，何をするのか事前に学校司書と打ち合わせをして，必要に応じて支援してもらいます。学校司書にお任せにするということはできませんので，担任または教科担当が提案し，相談をしてください。

5 本を事前に確認しておく。足りない場合は借りておいてもらう

授業のめあてに合う本が人数分あるか事前に確認しておきます。なかったら公共図書館や他の学校から借りておいてもらいます。あるいは，コピーをしておきます。
コピーは必要最低限の枚数にし，持ち帰らせないようにします。

6 ワークシート，掲示物を準備しておく

限られた時間に調べたり書いたりできるように，ワークシート，説明の掲示物を用意しておきます。学校司書はワークシートをもらって，次の授業の参考にストックしておきます。

本，インターネットを使ったオンライン授業について

　コロナ禍により，対面で授業ができなくなってオンラインの授業をする学校が増えました。ここでは，ZOOM などを利用したリアルタイムの授業で，本やインターネットを活用し効果的に進める方法を紹介します。

　コロナ禍の現状では，教室で対面の授業をする場合，グループでの話し合いは配慮が必要ですが，オンラインでは不要なので，オンラインのほうが，対話的な学びができることがわかりました。

　また，教師に学習したことをオンラインで提出するシステムを使うことができれば，教室よりも個別指導が徹底します。そのためには，次の手順で行います

1　授業全体の見通しを明確に示す

　まず，授業のめあてを明確にし，何をするのか全員に理解させます。教室での授業のように教師が常に見ている状態ではないので，一人一人が確実に見通しを持てるように丁寧に説明します。

2　ZOOM などでグループ学習をさせる

　ここでは，実際のブックトークをインターネットで視聴したあとに，「ブックトークのコツ」について話し合うグループ学習を例に紹介します。

　まず，インターネットで配信されている動画を指定して，各自視聴させ，どのようにブックトークをすればよいかメモをとらせておきます。各自，教師のフォローなしで話せるように，話す内容を書かせておきます。

　話し合いは各グループ 4 人で行います。司会 1 名，発表者 1 名，タイムキーパー 1 名，記録者 1 名とし，全員に役割を持たせます。

　対面と違って話し出すタイミングを図るのが難しいので，司会者が指名してから話すようにさせます。発表者は，あとでグループを代表して話し合ったことを全員に発表してもらう役です。タイムキーパーは，グループ学習の終了時刻を守るために必要です。記録者は，教師に話し合ったことを簡単に書いて提出する役です。

3　全員の共有の場を設定する

　時間になったら，全員の場所に集まり，各グループで決めた発表者が順に発言します。教師は発表者の発言をメモしながら相槌を打ち，最後に共通して出てきたことを中心にまとめて話します。この授業では，「ブックトークでは，結末を言わない」が必ず共通して出てきます。

4　個別指導を徹底する

　ZOOM などでしたら，質問がある場合は最後に残って教師と二人で話すことができます。

　また，各自，授業後に自分の記録（わかったこと，感想，質問）を必ず書かせて，提出させ，なるべく早くそれにコメントをつけて返すようにします。

本, インターネットを使ったオンライン授業例（大学） ※1コマ90分

【1】 オンラインブックトーク──ZOOM を使って（3 コマ）──

1コマ目 ZOOM のメインセッション（全員の場）で説明後，各自で作業させる。

① ブックトークについて，音声をつけたパワーポイント（ビデオ）を教師が作成して，学生に視聴させて理解させる。このビデオは，受講生のみ見られるように URL を伝えてあるので，各自のペースで視聴できる。居眠りしたり，聞き逃したりしたら，何度でも再生することができるメリットがある。

　　次回までに，対象となる学年（小学校2年生以上）を想定して，本を準備しておくことを伝えておく。

② 下記のブックトークの動画を視聴させて，書名と感想をメモ，ブックトークのコツを考えて書かせる。

　　・東京子ども図書館 YouTube おはなし配信⑨　ブックトーク「いっぱいだー！」
　　・埼玉県三芳町立図書館ひとくちブックトーク『二分間の冒険』

2コマ目 ZOOM のメインセッションで説明後，ブレイクアウトセッションに移動する機能を使ってグループに分け，話し合わせ，その後，各自作業をさせる。

① ブックトークのコツを4人グループで話し合わせる。

② グループで話し合ったことをメインセッションで発表させる。

③ 各自，自分の選んだ本からどんなテーマを作ることができるか考えさせる。そのテーマにふさわしいと考えられる本を公共図書館の HP のリストの中で2冊探してつなげる。

　　・東京都立図書館「子供の読書に関わる方のページ」
　　https://www.library.metro.tokyo.lg.jp/junior/index.html（参照 2020.11.15）

　＊コロナ禍で，公共図書館に入れない地域もあったので，今回は読んでいない本でもよいことにした。

④ テーマを決めて，1冊目だけブックトークをする原稿を書き，あと2冊は，書名だけ紹介できるように準備し，提出させる。

3コマ目 ZOOM のブレイクアウトセッションに移動する機能で4人のグループを作りブックトークをさせる。その後，全員にまとめの話をする。

① 4人グループを作り，オンラインで一人のブックトークを他の3人が聞く。

② ブックトークを聞いて，他の3人の1冊目の本とテーマを記録させておく。

③ メインセッションに集まったところで，数名に感想を発表させて，全体で共有する。

④ 教師が，まとめの話をする。ブックトークを児童生徒どうしにさせる例も話す。

⑤ ブックトークを実施してわかったこと，感想を書かせて提出させる。

【2】　オンライン読書会——Teams テレビ会議を使って（事前の準備＋1コマ）——

事前の準備

①　指定した『君たちはどう生きるか』の朗読の動画（下記）を視聴することを伝え，各自，設問に答えを書かせる。

　　できれば，原作を読んでおくことを伝える。視聴，読書して時間を置くと感動が薄れてしまうので，読書会に近い日に取り組むように伝える。

　　・伊藤忠エネクス株式会社「山根基世さんの朗読作品公開のお知らせ（ことばの力を楽しむ会より）」山根基世さんの朗読『君たちはどう生きるか』（配信期間：2021年4月20日まで）

　　https://www.itcenex.com/ja/news/2020/t80pff0000002iwe.html（参照 2020.11.15）

　　または，吉野源三郎著『君たちはどう生きるか』（岩波書店）p.199〜259を読んでおくように伝える。

〈設問〉
1．感想
2．コペル君が上級生の前に出られなかったのはなぜか？　そのことについて思うこと。
3．お母さんの話についてどう思うか？
4．自分のこれまでの経験をふりかえり，物語と重なるようなことがあったか？
5．なぜ，この物語は読み継がれているのだろう。

---

②　4人ずつの班編成表を送っておく。オンラインでは4人が話し合いやすい人数。Teamsでは，事前に話し合う場所（チャネル）を班の数分，作っておく。

授業1コマ

①　全員にオンライン読書会の留意点を伝え，班に分かれて読書会を行う。
　・相手の考えを否定しない。違うことを伝えるのはよい。
　・自分の考えを話す。
　・会話を途切れさせず，全員が話すようにする。
　・音声は話さないときはミュートにして，話すときは顔を見せて話し合う。
　・オンラインでは話し出すタイミングを合わせるのがむずかしいため，司会者を決めて，司会者が指名してから話すようにする。
　・うなずくときは大きく，拍手は，顔のそばでみんなに見えるようにする。
　・定刻になったら終了し，全員の場所に戻る。
②　全員の場所に戻ったら，設問の中で一番盛り上がったことと，それに対する自分の考えを数名に話してもらい，全員で共有する。
③　話し合って感じたこと，自分の考えなどを各自まとめて記録し，オンラインのシステムで提出させる。
④　教師は提出物を見てコメントを返すか，次回，全員に話して共有させる。

本をたくさん読んだら何かもらえる？

　昨今，読書の価値が認められるようになり，各学校では本をたくさん読むことを奨励し，何か個人で取り組めることを考えています。小学校でよく行われるのは，〇冊読んだらミニ賞状授与というような，ご褒美を渡す取り組みではないでしょうか？　中学校では，多読賞を年度末に決めたりしますね。最近は，コンピュータで貸し出し状況をすぐに把握できますので，多読賞を決めるのは簡単になりました。こうして子どもたちは意欲的に本を読むようになり，めでたしめでたし……でしょうか？

　筆者には，小学校で図書主任（司書教諭の発令が義務化される前）をしていたときの失敗があります。校長先生が，貸し出しカード1枚分，19冊読んだ子には，手書きの賞状を出す，と提案してくださったのです。当時小学校3年生の担任をしていましたが，クラスの子の多くが，校長先生からの賞状をいただいて大喜び，図書主任としての面目躍如，少し得意でした。

　ところが……です。この賞状をもらった中の一人の子と，中学卒業後，会う機会があり，そのとき，「先生，ごめんなさい。小学校3年生のとき，校長先生から賞状をもらったけど，本を借りただけで，読んでいませんでした」と言うのです。何としたことでしょう。その子を責める気持ちには全くなれず，申し訳ない指導をしてしまったと大反省をしました。

　大学の授業でこの話をすると，「実は，私も学校図書館から本を借りたけど読まなかった」という学生が少なからずいます。多読賞については，「『本当に読んだの？』と友達に疑われて傷ついた」「多読賞がほしくて読んだわけではないから，本音は，もらいたくなかった」と言います。

　このようなことから，読書量は正確に測れるものではないので，賞状や多読賞で意欲付けするのは，考えたほうがよいのでは？　と思うようになりました。ご褒美がなくても，「読みたいから読む」となったら一番よいことです。そのためには，本書で紹介したブックトークやビブリオバトルを行うことをおすすめします。

　ご褒美はなく，「指定した本を必ず読む」という課題を出すのも，有効な読書への意欲付けになります。「好きな本のブックトークを1冊しましょう」という課題を大学生に出すと，「高校のときに読まされた本（課題として指定された本）を持ってきました」という学生がいます。そして，「課題だから，しかたなく読んでみたけど，おもしろかったです」と言うのです。ですから，生徒が読みそうな定評ある本を課題として指定するのは効果的な読書指導ではないかと思います。どうぞ，参考にしてください。

第5章

学校図書館の活用を
推進する
組織的な取り組み

◎**本章では，**……

　各学校の学校図書館の整備と活用を進める上で
関わりの大きい司書教諭，学校司書，校長，公共
図書館，教育委員会の果たす役割とその連携の在
り方についてまとめました。

1　司書教諭の役割

　司書教諭の主な職務は，**計画，連絡と自身の教科での学校図書館の活用，他の教諭への学校図書館活用の情報提供**です（「学校図書館ガイドライン」p.128 参照）。

　そのためには，まず学校図書館の館長である校長先生に理解してもらう必要があります。

　学校図書館ガイドラインや，学校図書館法改正の際の通知を校長先生に見てもらい，複数の教員で担当するクラブの時間を年間 10 回くらいはずしてもらって，司書教諭の時間を確保し，学校司書との打ち合わせ等に使っている司書教諭もいます。

　学校司書と先生方をつなぐのも司書教諭の仕事です。司書教諭がその職務を果たすと学校が変わります。計画的に工夫して取り組んでください。

　以下，司書教諭の活動の 1 年間の例です。

4 月　○　職員会議で今年度の学校図書館の運営について伝える
　　　　　・開館時間，貸し出し返却方法など
　　　　　・各学級のオリエンテーションの計画
　　　　　・学校図書館活用の年間計画
　　　○　**自分の学級を学校図書館の清掃担当にしてもらう**
　　　　　（清掃指導の際，学校図書館の様子を把握することができる）
　　　○　学校司書と，今年度の学校図書館経営について話し合いをする
　　　○　第一回図書委員会（役員決め，各自の目標，分担決め）
　　　○　継続的に図書ボランティアを依頼している学校は，募集のお知らせ配布
　　　○　今年度に購入する図書の希望を先生方に聞く
　　　　　・今年度の授業で図書を使う予定の教科と単元を確認する

5 月　○　今年度，1 学期中に購入する図書を決めて発注リストを作る
　　　　　・「今年度授業で使う本」と，「子どもたちが読みたい本」
　　　○　図書委員会で，6 月のイベントを企画する
　　　○　自分の学級，教科で学校図書館を活用する。あるいは計画を立てる
　　　○　図書ボランティアと顔合わせをする
　　　○　第一回図書館だより（家庭向け，職員向け）を発行する。以後，無理せず発行
　　　○　学校図書館の授業での活用状況を把握する。以後，年間通じて行う

6 月　○　図書委員会でイベントを開催する
　　　○　今年の課題図書を提示する
　　　○　小学校では，読書感想文の書かせ方を先生方に紹介し，夏休み前に指導してもらうようにする

7月　○　夏休み用の本の貸し出し（一人2冊）
　　　○　中学校では，自由研究のテーマを決めさせる
　　　○　1学期の学校図書館の活用状況をまとめて報告する

8月　○　夏休み開館日の貸し出し
　　　○　2，3学期用の本の購入リストを作る。研究授業などで使う予定の本を確認する。自分の授業で使う予定の本を購入する（他のクラス，次の学年へ学校図書館の活用を広めるために，**まず司書教諭が実践を**）

9月　○　「読書の秋」の取り組みを考え，学校司書とも相談し，職員会議で提案する

10月　○　「読書の秋」に向けての計画・実施

11月　○　「読書の秋」の取り組み・評価

12月　○　冬休み用の本の貸し出し
　　　○　2学期の学校図書館の活用状況をまとめて報告する

1月　○　冬休みに貸し出した本の返却をさせる
　　　○　蔵書点検の計画を学校司書と考える

2月　○　蔵書点検を行い，紛失している本の返却を呼びかける
　　　○　学校図書館の1年間についての教職員全員を対象にアンケートを実施し，次年度の学校図書館の年間計画に反映させる。その際，必要だったけれども不足していた本を聞いて，次年度の購入リストに入れておく

3月　○　1年間の活用状況を評価し，最後の職員会議で報告をする
　　　○　図書委員会を締めくくり，次年度に向けて「おすすめの本コーナー」を作っておく
　　　○　読み聞かせしてもらった学年に，図書ボランティアへのお礼状を書くように依頼する。あるいは，図書委員会で書く

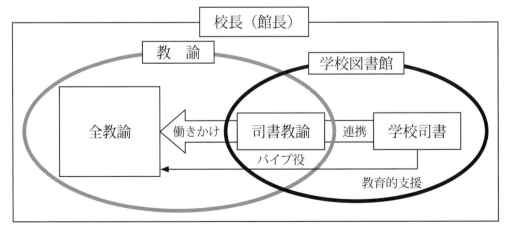

司書教諭の位置

2 学校司書のこれまでと今後

　2014年の学校図書館法改正で，第六条が加わり，学校司書の職名が明記されました。2016年に発表された「学校図書館ガイドライン」には，学校司書の役割も記載されて，2020年現在，まだ正式な資格取得の制度化はされていませんが，学校司書のモデルカリキュラムも示されています。**学校司書には，教育課程に基づく，教育的な支援が求められる**ようになりました。

　このように学校司書が社会的に認知されてその役割が期待されてきたのは，ひとえにこれまでの学校司書の働きがあったからです。一部の正規雇用の学校司書が配置されていた自治体以外では，1990年代から次第に配置が進められてきました。学校司書の多くは非正規雇用で，限られた勤務時間です。その中で，教師の授業を支援し，子どもたちが積極的に学習することが立証され，その積み重ねで学校司書の重要性が理解されてきました。

　ふりかえると，1990年代，学校司書の配置が始まった当初，何をするのか採用する教育委員会も受け入れる学校側も手探りでした。ただ，確実にしなければいけないのは，学校図書館の整備でした。不用品や古い本を廃棄し，校内に分散している本を集めて，日本十進分類法（NDC）に沿って本を並べ直しました。NDCの表示をして並べ替えたとき，子どもたちは「本物の図書館になった」と喜んでくれました。

　次に，多くの学校司書が取り組んだのは絵本の読み聞かせでした。ストーリーテリングを入れたお話会をする学校司書もいました。これらは，公共図書館のお話会をモデルにしたのではないかと考えられます。楽しい時間ではありますが，事前の打ち合わせもなく，教師の指導が入らない学校司書にお任せの時間になってしまうのは問題です。中には，「では，お願いします」と子どもたちを学校司書に頼んで，教室に一人で戻って事務処理をする先生もいました。

　小学校の高学年は，学校図書館に行って楽しませる時間がない，中学校ではさらにそのような余裕などないからと，学校司書は配置されても，授業中にはたった一人，学校図書館で本の整理をしている，というようなことも多くありました。小学校では，保護者や地域の人が読み聞かせのボランティアをしている学校もあります。ボランティアと学校司書はどこが違うのか，と聞かれて返答に窮した学校司書もいました。

　もう，この時代から20年以上たちました。現在多くの学校司書は，読み聞かせは，ボランティアに任せ，あるいは担任の先生にしてもらい，**全学年の探究的な学習，計画的な読書の時間の支援者**となっています。その際，授業者である先生と簡単に立ち話でいいので打ち合わせをし，必要な本，インターネットの情報を収集し，授業では先生の指導に合わせて子どもたちの学習をサポートすることが大切です。

　これらの支援は，全て記録し，先生の作ったワークシート等を預かり，次の授業支援につなげてください。また，図書委員をはじめ，全校の児童生徒一人一人に声をかけて，あたたかい学校図書館を作ってください。先生方へは常に情報提供を心掛け，益々あてにされる存在になっていただきたいと思います。

学校司書が教育的支援をするためのチェックリスト

　自治体によって，学校司書の勤務日数や勤務時間は異なります。本来は，正規専任（正式なフルタイムの職員）として，1校に1名配置されて当然ですが，難しいのが現状です。

　多くの自治体では，以下の点が達成されると，学校司書の必要性が高まり，勤務日数，勤務時間が増えています。

　学校司書一人でできないこともありますが，工夫して取り組んでください。

	学校司書としての役割を十分果たすために
1	必要な本を探せるように，NDCに沿って本を配架し，オリエンテーションで全校の児童生徒及び，職員にNDCのきまりを伝えている。
2	教科の年間計画に合わせ，司書教諭と相談して新刊を購入している。購入した本は，全て目を通し，内容をおおよそ把握している。
3	現在進行中または今後の学校図書館を使う授業に合わせた本の紹介コーナーがある。
4	司書教諭と定期的に打ち合わせの時間を設けている。その記録は，見やすくまとめて，司書教諭，学校司書のどちらかが校長に提出している。
5	職員室に机があり（兼用可），先生方と学校図書館活用の打ち合わせをしている。
6	教職員全ての名前を覚えて，マイカップを職員室に置き，時には雑談もしている。
7	司書教諭と協力して，保護者向け，職員向け図書館だよりの2種類出している。
8	学年だより，教科書を見て学校図書館を使う授業を想定し，先生に声をかけている。
9	学校図書館での授業では，T2として，支援をしている。
10	本を教室に運んで授業をする場合は，教室に様子を見に行き，支援している。
11	コンピュータ室と学校図書館を両方使う授業では，コンピュータ室も見に行く。
12	依頼された資料がない場合は，公共図書館や他の学校から借りてくる。
13	学校図書館を使う，または教室で本を使う授業の記録をとってまとめている。
14	学校図書館の活用に関する情報，授業での指導例を収集している。
15	教育に関すること，新刊など，常に新しい情報に関心を持つようにしている。
16	学校図書館に関する研修に積極的に参加し，他の学校司書と情報交換している。
17	読み聞かせボランティアが活動している学校では，読む本を把握し，助言している。
18	図書委員会の児童生徒の名前を覚えて，活動を支援している。
19	特別な事情のある児童生徒を把握し，できる範囲で支援に協力している。
20	教育委員会に，学校図書館の活用状況等の成果を報告している。

3　校長先生は学校図書館の館長

「学校図書館ガイドライン」(p.128)には，"校長は，学校図書館の館長としての役割も担っており，校長のリーダーシップの下，学校経営方針の具現化に向けて，学校は学校種，規模，児童生徒や 地域の特性なども踏まえ，学校図書館全体計画を策定するとともに，同計画等に基づき，教職員の連携の下，計画的・組織的に学校図書館の運営がなされよう努めることが望ましい。例えば，教育委員会 が校長を学校図書館の館長として指名することも有効である。"と，書かれています。

ぜひ，**学校図書館の館長として学校図書館に関心を持ち，体制を作り，活用を呼びかけてください。**

具体的には次のことをお願いします。

学校図書館の現状の把握

学校図書館の様子をときどき，見に行ってください。

授業中の活用の様子，昼休みの貸し出し状況など，学校図書館に足を運んで実際に見て，学校司書と話をしてください。学校司書にとっても励みになります。

校長先生が関心を持って取り組むことは，教師にも児童生徒にも伝わります。ある学校では，校長先生が学校図書館での授業の様子を見て，写真を撮って，校内の掲示を作っていました。

そうしたバックアップがあると，先生方への呼びかけもしやすくなります。

"校長先生が休み時間に来て，ベンチに座って本を読んでいたり，子どもと話したりしていました。特別なことをするのではなく当たり前のように学校図書館にいてくださった姿が今も心に残っています"という学校司書もいます。

司書教諭の任命と学校の経営計画への位置づけ

司書教諭の資格がある教諭を司書教諭として任命し，学校図書館運営を学校の経営計画の中にしっかりと位置付けてください。

そのためには，司書教諭と学校司書と共に，学校図書館の運営について，年度初めに話し合ってください。話し合ったことが達成されているかどうか，見守りつつ助言もしていただけるとさらに励みになります。

さらに，先生方全員に，学校図書館の活用の重要性を話してください。

学校図書館活用，読書の呼びかけ

全校朝会や保護者会などで，学校図書館の活用，読書の意義を話してください。

ある小学校では，校長先生が，年度はじめの全校朝会で「今年は100冊，学校図書館の本を読みましょう」と言ったことが心に響き，「今年は100冊読むよ」と何人もの児童が言っていました。校長先生の一言の重みがよくわかります。

4　学校図書館と公共図書館の連携

市区町村内での連携づくり

　学校図書館法第四条 五には，"他の学校の学校図書館，図書館，博物館，公民館等と緊密に連絡し，及び協力すること"と書かれ，図書館法第三条 九には，"学校，博物館，公民館，研究所等と緊密に連絡し，協力すること"とあります。

　つまり，学校図書館と公共図書館は双方から協力に努めることが求められています。

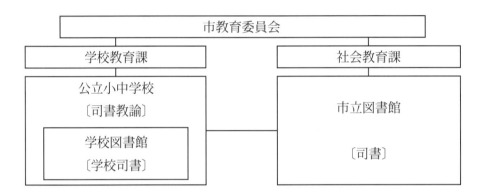

　この図は，公立小中学校図書館と市立図書館の関係を示したものです。

　公立小中学校図書館と市立図書館は，同じ市教育委員会に所属していますが，学校図書館は学校教育の中に，市立図書館は社会教育の中に位置づけられています。

　そのため，連携して整備や活動を行う場合，両者をつなぐ組織的な取り組みが必要となります。さらに，公立小中学校図書館は，管理職の学校経営方針に基づく学校全体の体制の中に位置づけられているため，市立図書館は学校全体と連携する必要もあります。

　こうした組織的な連携を確実にしていくために，教育委員会の項目（p.119）に書いているように，教育委員会の主導で**公共図書館の館長，担当司書，市内の小中学校の校長代表，司書教諭代表，学校司書代表を集めた連絡会を設けるとよいでしょう。**

公共図書館との連携

　公共図書館から学校図書館への支援で最も多く行われていることは，本の団体貸出です。

　学校図書館の蔵書は限られているため，一時的に借りられると，とても助かります。しかし，毎年，同じ本を借りることにならないように，必要な本は各校で購入して，公共図書館から借りなくてもすぐに学習に使えるように準備しておきます。

　このほか，小学校では，1年生，あるいは社会科で市内の学習をする3年生が公共図書館を訪れて，見学をし，お話会に参加し，全員に貸し出しカードを交付してもらうなど，今後の公立図書館の活用につながる活動が行われています。

中学校では，公共図書館で職場体験をする，図書委員会が公共図書館でおすすめの本のコーナーを作る，公共図書館主催のビブリオバトルに参加するなど，様々な取り組みも行われています。

2015年8月には，鎌倉図書館のツイッター"もうすぐ二学期。学校が始まるのが死ぬほどつらい子は，学校を休んで図書館へいらっしゃい。"が話題を呼びました。

公共図書館の学校及び学校図書館への支援の可能性は，今後さらに増していくことでしょう。貧困家庭，海外から来た子どもたちなど，**学校教育の中だけでは解決できないところに公共図書館の協力がほしいところです。**

新しい取り組みを行う場合，職員の不足等の課題も上がってくるかもしれませんが，地域の人材活用，ボランティアの協力などで，できることがあるのではないでしょうか？

本の相互貸借システム

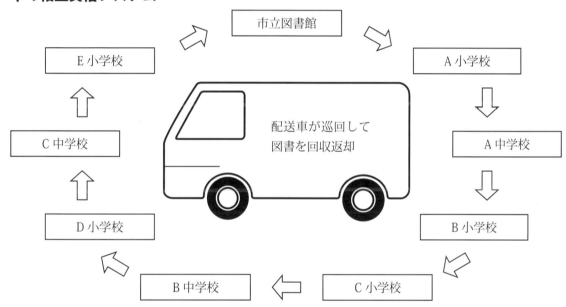

この図は，市内で行う本の相互貸借システムの例です。

公共図書館からの団体貸出だけでは，本が不足するので，このように各学校からも借りられるような体制を作ると，学校図書館の利用がさらに高まります。

配送車は，すでに稼働している市教育委員会から各校への連絡車や，公共図書館の分館への配送車などを併用したり，シルバー人材に依頼したりするなど工夫している市もあります。

読書会，道徳などで同じ本が40冊必要な場合に備えて，市内で計画的に，10冊ずつあるいは20冊ずつ買って各校で保存し，貸し合う方法も有効です。

5　教育委員会の任務

　学校図書館を管轄する教育委員会事務局（以下，教育委員会とします）には，学校図書館の整備と活用を推進する任務があります。ここでは人的な整備である，司書教諭と学校司書がその役割を十分発揮するために教育委員会がどのようにすればよいか紹介します。

　まず，年度初めに，教育委員会が音頭をとって，公共図書館館長，公共図書館の担当司書，市内小中学校の校長代表，司書教諭代表，学校司書代表で連絡会を持ってください。その後の連携が円滑に進みます。

司書教諭について

　学校図書館法第五条には "学校には，学校図書館の専門的職務を掌らせるため，司書教諭を置かなければならない。" と明記されています。各学校の校務分掌の表には，司書教諭と書かれているでしょうか？

　2014年7月29日に文部科学省の「学校図書館法の一部を改正する法律の公布について」の通知には，次のように書かれています。

　"司書教諭については，平成9年の本法改正により，11学級以下の学校においては当分の間置かないことができるとされているが，学校図書館における司書教諭の職務の重要性に鑑み，司書教諭有資格者の確保及びその発令をより一層計画的に推進し，これらの学校においても司書教諭の設置がなされるよう引き続き努めること。"

　しかし，11学級以下の学校には司書教諭を置く必要がない，もしくは，司書教諭は置かなくても構わない，というような解釈になって，うやむやになっている自治体が見られます。こうした自治体では，管理職が，司書教諭と学校司書を混同していることもあります。

　同通知には "多くの司書教諭が学級担任等を兼務している現状に鑑み，司書教諭がその職責を十分果たせるよう，担当授業時間数の軽減等の校務分掌上の工夫等を図ること" とありますが，教育委員会は各学校に伝えているでしょうか？

　司書教諭は，5科目10単位を取得している有資格者です。その職責を果たせるように各校でしっかりと任命し，また，教育委員会は司書教諭の研修を計画して，活動状況を把握し，スキルアップできるようにしていただきたいものです。**意欲を持った司書教諭は，学校全体を支えて，地域も変えていきます。子どもたちの読書力，学力も向上させます。**

学校司書について

　学校司書の配置によって，どれだけ学校図書館の環境が良くなり，児童生徒の読書意欲の向上と先生方の授業改善につながるかは，多くの自治体で立証されています。まだ，学校司書未配置の自治体は，すぐに全校配置は難しいと思いますので，**まず，モデルケースとして，試しに小学校1校，中学校1校に配置することをおすすめします。**できれば，どこかで学校司書をした経験が

ある方，司書教諭の経験を持つ元教員に第一代学校司書をしてもらうと確実に成果が見られます。

　そのような人がいない場合，モデルケースの学校司書は，読み聞かせボランティアとして子どもたちに接してきた方にお願いすると，学校現場を知っていて，先生方との関係作りもできるので，上手に教育的な支援をしてもらえます。

　成果を確認しつつ，配置する学校を少しずつ増やしていくという，いわば「積み上げ方式」で，多くの自治体が学校司書を配置してきました。

学校司書のリーダーを置く

　学校司書の中に，経験を積んで，新任の学校図書館担当指導主事，新任の司書教諭よりも学校図書館に詳しいスペシャリストになる方が出てきます。そういう方には，市内小中学校の学校司書のリーダーになってもらい，他校の学校司書の相談役になってもらいます。

　例えば週の何日かは，リーダーとして他の学校を支援する日，とします。もちろんリーダーとしての手当ても給料に加算します。学校数の多い自治体は，複数の人にリーダーになってもらい，リーダーどうしの連携も作ってもらいます。

　学校司書は，職場に一人しかいないため，学校現場で先輩に教えてもらうことができません。配置される学校司書によって学校図書館でできることに差が生じてしまうのは，教育の機会均等という観点からも問題です。学校図書館担当指導主事はリーダーとよく連絡をとり，どの学校図書館も活用されるようにしてください。なお，リーダーは，何年かしたら交代というきまりも作っておくと，次の人が育ちます。

市内共通の学校図書館マニュアルづくり

　教育委員会主導で，学校図書館マニュアルを作成してください。原案は，学校司書のリーダーと作り，各校の学校司書と司書教諭にも見てもらい，意見をもらって完成させます。

　冊子として印刷する製本代が予算化できない場合は，印刷してホチキスで綴じる体裁でもいいでしょう。これによって，継続的な学校図書館の運営が行われていきます。数年たつと，訂正や付け足すことが出てきますので，また見直してください。

　こうしたマニュアルは，作っても，しまい込んでしまうことがありますので，研修の時に持ってきてもらい，資料として使います。

研修会の持ち方

　学校図書館に関する研修は，**ぜひ，司書教諭と学校司書両方一緒に参加する形式にしてください。**同じ学校に勤務していても，なかなかゆっくり打ち合わせができない，ということが多くの司書教諭と学校司書の悩みです。研修会の中では，席を隣にして，ディスカッションの時間もとり，他の学校と一緒に意見交流をすると，今後の活用推進につながります。

　同じ市内でのよい実践を共有することが大切です。そのためには，学校図書館担当指導主事は，学校図書館を活用した授業や，各校で工夫している学校図書館の取り組みなどを把握しておく必要があります。学校司書のリーダーに情報収集してもらい，研修会で紹介して広めることもできます。

6　市内全学校図書館の機能強化と継続

学校図書館アドバイザー（支援スタッフ）の配置

　学校図書館に勤務した経験のある学校司書や司書教諭をアドバイザーとして1名配置し，各校の学校司書，司書教諭の質問に答え，巡回してアドバイスをしてもらいます。

　学校司書及び司書教諭の研修会の企画も指導主事と考えます。学校図書館アドバイザーは拠点校では学校司書として勤務し，決められた日数は，他の学校の支援に行く方法もあります。

学校図書館支援センターの設置

　学校図書館支援センターとは，公共図書館や教育センター，教育委員会事務局に，学校図書館支援センターという場を設けて，学校図書館アドバイザー（支援スタッフ）を配置し，各学校の学校図書館を支援する方法です。

　学校図書館支援センターの主な業務は，①学校図書館への指導，助言，援助，②学校間の連絡，調整，③教材作成の材料，実践，情報の共有などです。

　図1は，すでに本の相互貸借のシステムがある市の連携モデルです。

　図2は，市教育委員会に学校図書館支援センターを設置した連携モデルです。市立図書館，教育センターに設置する場合もあります。

　本の移動だけではなく，情報の交流が増えて，学校図書館支援センターにも情報が蓄積されるため，さらに学校図書館の機能が強化され，また，学校間の差が少なくなり，継続的な活用につながります。

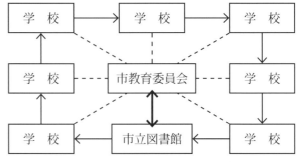

図1　市内で相互貸借を行える連携

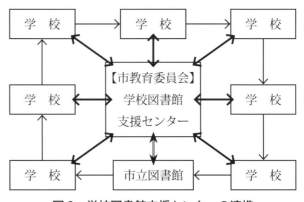

図2　学校図書館支援センターの連携

- - - - - - は，市教育委員会と学校のつながりを示す。

⟶　は，本の移動を示す。

⟷　は，情報のやりとりを示す。

⟷　は，学校図書館支援センターと市立図書館のつながり。頻繁に連絡を取り合う。市によっては市立図書館内部に学校図書館支援センターを設置。

掲載・おすすめ図書一覧

第1章　小学校・全学年　学校図書館を活用した授業

【1年生】

なかえよしを 作，上野紀子 絵　『ねずみくんの絵本』（既刊36巻）　ポプラ社

いとうひろし 作・絵　『おさるはおさる』　講談社

いとうひろし 作・絵　『おさるのまいにち』　講談社

いとうひろし 作・絵　『おさるのもり』　講談社

いとうひろし 作・絵　『おさるになるひ』　講談社

いとうひろし 作・絵　『おさるのよる』　講談社

こどもくらぶ 編・著　『はたらく車のしくみ・はたらき・できるまで』　岩崎書店

小峰書店編集部 編　『はたらくじどう車　しごととつくり』（全6巻）　小峰書店

元浦年康 監修　『大きなずかんはたらくじどう車』（全4巻）　学研教育出版

市瀬義雄 監修・写真　『くらべてみよう！　はたらくじどう車』（全5巻）　金の星社

オフィス303 編集　『はたらくのりもの100点（のりものアルバム（新））』　講談社

バージニア・リー・バートン 文・絵，石井桃子 訳　『はたらきもののじょせつしゃ けいてぃー』（世界傑作絵本シリーズ）　岩波書店

【2年生】

日野十成 他 著，斎藤隆夫 他 絵　『日本の昔話（こどものとも傑作集）ずいとんさん』他　福音館書店

川村たかし 他 文，梶山俊夫 他 画　『日本の民話えほん』第1集，第2集　教育画劇

山下明生 文，加藤休ミ 他 絵　『日本の昔話えほん』（全10巻）　あかね書房

大川悦生 他 文，箕田源二郎 他 絵　『むかしむかし絵本』（全30巻）　ポプラ社

【3年生】

まどみちお 他 詩，かみやしん 他 絵　『詩はおともだち』（全10巻）　小峰書店

はせみつこ 編，飯野和好 絵　『しゃべる詩あそぶ詩きこえる詩』　冨山房

工藤直子 作　『のはらうた』（全6冊セット）　童話屋

まどみちお 著，工藤直子 編　『せんねん まんねん―まど・みちお詩集』　童話屋

織田道代 作，スズキコージ 絵　『ねこのどどいつあいうえお』　のら書店

エリック・カール 作・絵，やぎたよしこ 訳　『ごちゃまぜカメレオン』　ほるぷ出版

今泉忠明 監修　『動物』（学研の図鑑LIVE）　学研プラス

【4年生】

岡本和明 文，尼子騒兵衛 絵　『らくご長屋』　ポプラ社

三遊亭円窓 著，長野ヒデ子 画　『おもしろ落語図書館』　大日本図書

グループこんぺいと 編著，大山敏 原案，カキフライ 画　『子どものための声に出して楽しむ落語＆小ばなし』　黎明書房

林家木久蔵 編　『林家木久蔵の子ども落語』（全6巻）　フレーベル館

川端誠　『落語絵本』（全15巻）　クレヨンハウス

古今亭菊千代 文，水野ぷりん 絵，車浮代 江戸文化監修　『落語でわかる江戸文化　体験！　子ども寄席』　偕成社

小和田哲男，山本博文 監修　『CHIBA 千葉チ～バ　叫びたいほど面白い千葉の話160』　洋泉社

鎌田和宏 監修　『都道府県ふるさとじまん図鑑』　学研プラス

千葉県教育研究会社会科教育部会 監修 『改訂新版　すすむ千葉県』　千葉県教育会館文化事業部

【5年生】

椋鳩十 作，中川大輔 他 絵 『椋鳩十まるごと動物ものがたり』（全 12 巻）　理論社

椋鳩十 著，小泉澄夫 絵 『椋鳩十名作選』（全 7 巻）　理論社

椋鳩十 著，吉井忠 絵 『マヤの一生』（子ども図書館）　大日本図書

椋鳩十 作 『片耳の大シカ』（偕成社文庫 3009）　偕成社

椋鳩十 作 『大造じいさんとガン』（偕成社文庫 3062）　偕成社

根本博 編著 『日本の米づくり』（全 4）　岩崎書店

鎌田和宏 監修 『米のプロに聞く！　米づくりのひみつ』（全 3 巻）　学研プラス

川口由一 監修，大植久美，吉村優男 著 『自然農の米づくり』　創森社

丸山清明 監修 『お米の大研究　イネの生態から文化とのかかわりまで』（楽しい調べ学習シリーズ）　PHP 研究所

石谷孝佑 監修 『お米なんでも図鑑―お米とごはんのすべてがわかる！』（もっと知りたい！　図鑑）　ポプラ社

【6年生】

近藤二郎，平野昭，和住淑子，山本利江 監修 『やさしく読めるビジュアル伝記　第 1 期』（既 5 巻）　学研プラス

高木まさき 監修 『時代を切り開いた世界の 10 人　第 2 期』（全 10 巻：レジェンド・ストーリー）　学研教育出版

高木まさき，茅野政徳 監修 『時代を切り開いた世界の 10 人　第 1 期』（全 10 巻：レジェンド・ストーリー）　学研教育出版

浜野卓也 他 文 『おもしろくてやくにたつ子どもの伝記』（全 20 巻）　ポプラ社

松本清張 他 文，寺田克也 他 絵 『火の鳥伝記文庫　新装版』　講談社

たからしげる，芝田勝茂 他 文 『伝記を読もう　第 1 期～第 3 期』　あかね書房

鈴木佑司 監修 『世界の文化と衣食住』（全 4 巻）　小峰書店

東菜奈 作 『行ってみたいなあんな国こんな国』（全 7 巻）　岩崎書店

井田仁康 監修 『国別大図解　世界の地理　改訂版』（全 8 巻）　学研プラス

松田博康 監修 『世界の国旗大図鑑』（全 4 巻）　小峰書店

小学館 編集 『キッズペディア　世界の国ぐに』　小学館

マット・ラマス 作・絵，スージー・レイ 文，グレッグ・パブロツキ 絵，おおつかのりこ 訳 『見たい！　知りたい！　世界の子どもたちのくらし』（全 2 巻）　汐文社

第 2 章　中学校・全教科　学校図書館を活用した授業

【社会科】

石川英輔 監修 『エコでござる』（全 3 巻）　すずき出版

宮本裃裟雄 監修 『江戸のくらしがわかる絵事典』　PHP 研究所

江戸歴史研究会 著 『江戸のひみつ　町と暮らしがわかる本　江戸っ子の生活超入門』　メイツ出版

菅野俊輔 著 『世界を驚かせた頭のいい江戸のエコ生活』　青春出版社

秋山浩子 著，伊藤まさあき イラスト 『江戸のくらしから学ぶ『もったいない』』（全 3 巻）　汐文社

【数学科】

伊藤裕之 監修 『面白いほどよくわかる数学の定理―日常生活で知らずに応用されている数学の定理の数々（学校で教えない教科書）』　日本文芸社

三浦伸夫 著 『NHK スペシャル「知られざる大英博物館」　古代エジプトの数学問題集を解いてみる』　NHK 出版

清水美憲 監修，こどもくらぶ 編 『目で見る算数の図鑑』　東京書籍

スコット・オルセン 著，藤田優里子 訳 『黄金比：自然と芸術にひそむもっとも不思議な数の話』（アルケミス

ト双書） 創元社

ジョセフ・ダグニーズ 文，ジョン・オブライエン 絵，渋谷弘子 訳 『フィボナッチ—自然の中にかくれた数を見つけた人』 さ・え・ら書房

ハンス・マグヌス・エンツェンスベルガー 著，ロートラウト・ズザンネ・ベルナー 絵，丘沢静也 訳 『数の悪魔　算数・数学が楽しくなる 12 夜　普及版』 晶文社

新井紀子 著 『生き抜くための数学入門』 理論社

桜井進 著 『感動する！　数学』 海竜社

上野富美夫 編 『数学パズル事典』 東京堂出版

吉村仁 著，石森愛彦 絵 『素数ゼミの謎』 文藝春秋

桜井進 著 『超面白くて眠れなくなる数学』 PHP 研究所

仲田紀夫 著 『騙しのテクニック—数学トリックの世界』（おもしろ社会数学） 黎明書房

仲田紀夫 著 『道志洋博士の世界数学クイズ＆パズル＆パラドクス』（道志洋博士のおもしろ数学再挑戦） 黎明書房

新井紀子 著 『生き抜くための数学入門』 理論社

【理科】

DK 社 編集，石井克弥，森冨美子，中川泉，竹田純子 訳 『太陽系惑星大図鑑：CG が明かす新しい宇宙』 河出書房新社

縣秀彦 監修，池田圭一 著 『天文学の図鑑』（まなびのずかん） 技術評論社

キャロル・ストット 文，リサ・スワーリング，ラルフ・レイザー イラスト，伊藤伸子 訳 『ヒラメキ公認ガイドブック　ようこそ宇宙へ』（DK「ヒラメキ君」シリーズ） 化学同人

縣秀彦 監修 『宇宙の不思議　太陽系惑星から銀河・宇宙人まで』（ジュニア学習ブックレット） PHP 研究所

沼澤茂美，脇屋奈々代 著 『銀河—宇宙に浮かぶ不思議な天体　ハッブル宇宙望遠鏡がとらえた驚きの宇宙』 誠文堂新光社

宇宙兄さんズ 文，イケウチリリー 絵 『惑星 MAPS—太陽系図絵—：もしも宇宙を旅したら　もしも宇宙でくらせたら』 誠文堂新光社

成美堂出版編集部 編集 『中学生　理科の自由研究　パーフェクト』 成美堂出版

野田新三 監修 『自由研究　中学生の理科　New チャレンジ』 永岡書店

学研教育出版 編集 『中学生の理科　自由研究　完全版—レポートの実例＆発展研究つき』 学研教育出版

学研教育出版 編集 『中学生の理科　自由研究　チャレンジ編　改訂版』 学研教育出版

野田新三 監修 『自由研究　中学生の理科　New ベーシック』 永岡書店

米村でんじろう 監修 『でんじろう先生のわくわく！　自由研究』 主婦と生活社

川村康文，東京理科大学川村研究室 著 『楽しく学べる理科の実験・工作—小中学生向け』 エネルギーフォーラム

【音楽科】

国立音楽大学，国立音楽大学楽器学資料館 監修，こどもくらぶ 編 『日本の楽器：箏　尺八　三味線 ほか』（演奏者が魅力を紹介！　楽器ビジュアル図鑑 5） ポプラ社

洗足学園音楽大学現代邦楽研究所 監修，森重行敏 編著 『ビジュアル版　和楽器事典』 汐文社

西川浩平 著 『カラー図解　和楽器の世界』 河出書房新社

小塩さとみ 著 『日本の音　日本の音楽』（シリーズ音楽はともだち） アリス館

石川憲弘 著 『はじめての和楽器　CD 付』（岩波ジュニア新書） 岩波書店

岩崎和子 著 『文楽』（日本の伝統芸能を楽しむ） 偕成社

矢内賢二 著 『歌舞伎』（日本の伝統芸能を楽しむ） 偕成社

中村雅之 著 『能・狂言』（日本の伝統芸能を楽しむ） 偕成社

ディスカバージャパン編集部 編集 『ニッポンの伝統芸能　能・狂言・歌舞伎・文楽』（エイムック 3917

Discover Japan_CULTURE） エイ出版社

三隅治雄 監修 『伝統芸能』（ポプラディア情報館） ポプラ社

国土社編集部 編 『大研究　雅楽と民謡の図鑑』 国土社

【美術科】

矢口加奈子 著 『やさしい切り紙　折って，切って，開いてつくる』（池田書店の切り紙シリーズ） 池田書店

学研教育出版編集部 編集 『かわいい切り紙レシピ』 学習研究社

桜まあち 監修 『もっと簡単に美しく作れる！　切り絵81のポイント　新装版』（コツがわかる本！） メイツ出版

寺西恵里子 デザイン 『学校行事に役立つ楽しい切り紙①　季節の切り紙』 汐文社

寺西恵里子 デザイン 『学校行事に役立つ楽しい切り紙②　使える切り紙』 汐文社

寺西恵里子 デザイン 『学校行事に役立つ楽しい切り紙③　遊べる切り紙』 汐文社

早坂優子 著 『101人の画家』 視覚デザイン研究所

糸井邦夫 監修 『教科書に出てくる日本の画家』（全3巻） 汐文社

視覚デザイン研究所 編 『巨匠に教わる絵画の見かた』 視覚デザイン研究所

島田紀夫 監修 『印象派美術館』 小学館

島田紀夫 他 著 『もっと知りたいシリーズ西洋の美術セット』 東京美術

ロージー・ディキンズ 著, 宮坂宏美 訳 『はじめての美術鑑賞』（みつけた！　名画の楽しみ方と描き方1） あかね書房

【保健体育科】

ティモシー・カルバート, レベッカ・カジャンダー 著, 佐藤諭 絵, 上田勢子 訳 『ストレスをなくすために』（子どものセルフケアガイド1） 東京書籍

鈴木基司 監修, 鳥飼新市 文 『心のバランスとストレス』（総合的な学習に役立つ心・からだ・生命を考える本2） 金の星社

トレボー・ロメイン , エリザベス・バーディック 著, 上田勢子, 藤本惣平 訳 『さよなら，ストレスくん』（トレボー・ロメインこころの救急箱2） 大月書店

川畑徹朗 著 『生活と健康といのち　食生活, 運動, ストレス』（考えようあなたの健康といのち4） 学研プラス

大野裕 著 『ストレスと上手につきあう　ストレスマネジメント』（ピンチを解決！　10歳からのライフスキル5） 合同出版

齋藤久美, 坂井建雄 監修, 猫田博人 漫画 『心の発達と健康　自分らしさってなんだろう？』（マンガでわかる保健の本3） ポプラ社

大野益弘 監修 『心にのこるオリンピック・パラリンピックの読みもの』（全3巻＋別巻） 学校図書

大野益弘 文, しちみ桜 絵 『近代オリンピックの父　クーベルタン』 小峰書店

小峰書店編集部 編 『決定版！　パラリンピック大百科』 小峰書店

日本オリンピック・アカデミー 監修 『オリンピック・パラリンピック大百科』（全8巻） 小峰書店

日本オリンピック・アカデミー 監修 『3つの東京オリンピックを大研究』（全3巻） 岩崎書店

【家庭科】

竹永絵里 画 『わくわく発見！　日本の郷土料理』 河出書房新社

江原絢子 監修 『守ろう！　ふるさとの味』（日本の伝統文化　和食3） 学研教育出版

野﨑洋光 監修, こどもくらぶ 編 『47都道府県ビジュアル文化百科　伝統食』（47都道府県ビジュアル日本の伝統文化シリーズ） 丸善出版

清絢 監修 『日本全国味めぐり！　ご当地グルメと郷土料理』（全3巻） 金の星社

野外民族博物館リトルワールド 監修 『ユニークな家，大集合！　世界の住まい大図鑑　地形・気候・文化がわかる』 PHP研究所

藤木庸介 編 『住まいがつたえる世界のくらし―今日の居住文化誌』 世界思想社

小松義夫 写真・文 『地球生活記—世界ぐるりと家めぐり』（写真記シリーズ）　福音館書店
小松義夫 監修・写真, 佳元拓実 文 『国際理解に役立つ世界の衣食住6　アジア, アフリカの家』　小峰書店
小松義夫 監修・写真, 佳元拓実 文 『国際理解に役立つ世界の衣食住7　ヨーロッパ, 南北アメリカ, オセアニアの家』　小峰書店
布野修司 編 『世界住居誌』　昭和堂

【英語科】
森口稔 編著, William S. Pfeiffer 英文校閲 『英語で案内する日本の伝統・大衆文化辞典』　三省堂
大門久美子 編著 『Welcome to Japan!　中学英語で話そう日本の文化2　日本の街を歩こう』　汐文社
大門久美子 編著 『Welcome to Japan!　中学英語で話そう日本の文化3　伝統文化でおもてなし』　汐文社
桑原功次 文, 中田レイナ 絵 『中学英語で話せる日本文化3　伝統文化編』　汐文社
桑原功次 著 『オールカラー　英語で紹介する日本』　ナツメ社
清水克悦 著 『たっぷり鎌倉歴史ウォーキング—義経・頼朝伝説を訪ねて　改訂新版』　水曜社
淡交社編集局 編集 『歴史を知れば3倍たのしい 鎌倉の古社寺』（淡交ムック）　淡交社
桜井信夫 編著 『歴史と文化の町たんけん3　鎌倉をたずねる』　あすなろ書房

【道徳】
松谷みよ子 文, 味戸ケイコ 絵 『わたしのいもうと』　偕成社
辻信一 監修 『ハチドリのひとしずく　いま, 私にできること』　光文社

【総合】
山本博文 監修 『事前学習に役立つみんなの修学旅行　東京』　小峰書店
ユニプラン編集部 編集, 公益財団法人東京観光財団 他 写真 『東京見学・体験スポットガイド 散策＆鑑賞東京編』　ユニプラン
PHP研究所 編 『よくわかる修学旅行ガイド　東京　国会議事堂から上野, 秋葉原まで』（楽しい調べ学習シリーズ）　PHP研究所
竹地里加子 編集 『ニッポンを解剖する！　東京図鑑』（諸ガイド）　JTBパブリッシング
昭文社旅行ガイドブック編集部 編集 『まっぷる　東京観光 '20』（マップルマガジン関東9）　昭文社
生田誠 著 『墨田区・江東区今昔散歩—東京スカイツリーの見える街　古地図と古写真で訪ねる』　彩流社
陸奥賢 著 『まわしよみ新聞をつくろう！』　創元社

第3章　授業でそのまま話せる学校図書館活用ガイドのシナリオ＆ワークシート

【むかしばなしクイズ】
舟崎克彦 文, 金斗鉉 絵 『かぐやひめ』（日本名作おはなし絵本）　小学館
時田史郎 再話, 秋野不矩 画 『うらしまたろう』（日本傑作絵本シリーズ）　福音館書店
いしいももこ 文, あきのふく 絵 『いっすんぼうし』（日本傑作絵本シリーズ）　福音館書店
舟崎克彦 文, 浅賀行雄 絵 『さるかにがっせん』（日本名作おはなし絵本）　小学館
水沢謙一 再話, 梶山俊夫 画 『さんまいのおふだ』（こどものとも傑作集）　福音館書店

【ブックトーク　椋鳩十】
椋鳩十 作, 宮澤英子 絵 『椋鳩十まるごと動物ものがたり④　椋鳩十のネコ物語』　理論社
椋鳩十 作, 町和生 絵 『椋鳩十まるごと動物ものがたり⑧　椋鳩十のシカ物語』　理論社

【伝記クイズ】
桜井信夫 文 『エジソン』　ポプラ社
浜野卓也 文 『野口英世』　ポプラ社
砂田弘 文 『ヘレン・ケラー』（ポプラポケット文庫）　ポプラ社
村岡花子 文, 丹地陽子 絵 『ナイチンゲール　新装版』（講談社　火の鳥伝記文庫）　講談社
松岡洋子 文, 依光隆 絵 『リンカーン—どれい解放の父』（講談社　火の鳥伝記文庫）　講談社

【ブックトーク 「夢」】

濱野京子 著 『ドリーム・プロジェクト』 PHP 研究所

鎌田洋 著 『真夜中のディズニーで考えた働く幸せ』（14 歳の世渡り術） 河出書房新社

第 4 章　学校図書館を授業で活用するための基礎知識

【ビブリオバトル】

谷口忠大 著 『ビブリオバトル　本を知り人を知る書評ゲーム』（文春新書） 文藝春秋

【読書会】

筒井頼子 作, 林明子 絵 『はじめてのおつかい』 福音館書店

岸田衿子 作, 中谷千代子 絵 『ジオジオのかんむり』 福音館書店

ベティ・テイサム 著, ヘレン・K・デイヴィー 絵, はんざわのりこ 訳 『ペンギンのひな』 福音館書店

ラッセル・E・エリクソン 著, ローレンス・ディ・フィオリ 絵　佐藤涼子 訳 『火曜日のごちそうはヒキガエル』（ヒキガエルとんだ大冒険 1） 評論社

宮川ひろ 作, 小泉るみ子 絵　『しっぱいにかんぱい！』（かんぱい！　シリーズ） 童心社

梨屋アリエ 作, 菅野由貴子 絵 『ココロ屋』（文研ブックランド） 文研出版

アーネスト・T・シートン 著・絵, 今泉吉晴 訳 『オオカミ王ロボ（シートン動物記）』 童心社

丘修三 作, かみやしん 絵　『ぼくのお姉さん（歯型）』（偕成社文庫） 偕成社

レオ・バスカーリア 著, みらいなな 訳, 島田光雄 画 『葉っぱのフレディ―いのちの旅』 童話屋

ドリーン・ラパポート 著, ブライアン・コリアー 絵, もりうちすみこ 訳 『キング牧師の力づよいことば　マーティン・ルーサー・キングの生涯』 国土社

シェル・シルヴァスタイン 著, 村上春樹 訳 『おおきな木』 あすなろ書房

たつみや章 作, 広瀬弦 絵 『じっぽ―まいごのかっぱはくいしんぼう』（あかね創作読物シリーズ） あかね書房

宮沢賢治 著 『よだかの星』（集団読書テキスト A8） 全国学校図書館協議会

芥川龍之介 著 『杜子春・くもの糸』（偕成社文庫 3065） 偕成社

オー・ヘンリー 作, 大久保康雄 訳 『最後のひと葉―オー・ヘンリー傑作短編集』 偕成社

シェル・シルヴァスタイン 作, 倉橋由美子 訳 『ぼくを探しに』 講談社

宮部みゆき 著 『チヨ子』（光文社文庫） 光文社

松谷みよ子 文, 味戸ケイコ 絵 『わたしのいもうと』 偕成社

【新聞の活用】

陸奥賢 著 『まわしよみ新聞をつくろう！』 創元社

【職員向け図書館だより】

梨木香歩 著 『西の魔女が死んだ』（新潮文庫） 新潮社

山崎聡一郎 著, 伊藤ハムスター イラスト 『こども六法』 弘文堂

吉野源三郎 原作, 羽賀翔一 漫画 『漫画　君たちはどう生きるか』 マガジンハウス

給料 BANK 著 『日本の給料 & 職業図鑑』 宝島社

辻村七子 著, 雪広うたこ 装画 『宝石商リチャード氏の謎鑑定』 集英社

マレーナ・エルンマン, グレタ・トゥーンベリ 他 著, 羽根由 訳 『グレタ たったひとりのストライキ』 海と月社

村山早紀 著 『コンビニたそがれ堂』 ポプラ社

日向理恵子 著, 山田章博 絵 『火狩りの王〈一〉～〈四〉』 ほるぷ出版

＊江戸川乱歩 著, しきみ 絵 『押絵と旅する男』 立東舎

＊エラ・フランシス・サンダース 著, 前田まゆみ 訳 『翻訳できない世界のことば』 創元社

（＊の本は写真（p.105）に掲載していませんが, 小柳聡美非常勤講師による中学生におすすめの本です。）

「学校図書館ガイドライン」

学校図書館をめぐる現状と課題を踏まえ，さらなる学校図書館の整備充実を図るため，教育委員会や学校等にとって参考となるよう，学校図書館の運営上の重要な事項についてその望ましい在り方を示す，「学校図書館ガイドライン」を定める。同ガイドラインは以下の構成とする。

> (1) 学校図書館の目的・機能
> (2) 学校図書館の運営
> (3) 学校図書館の利活用
> (4) 学校図書館に携わる教職員等
> (5) 学校図書館における図書館資料
> (6) 学校図書館の施設
> (7) 学校図書館の評価

(1) 学校図書館の目的・機能
学校図書館は，学校図書館法に規定されているように，学校教育において欠くことのできない基礎的な設備であり，図書館資料を収集・整理・保存し，児童生徒及び教職員の利用に供することによって，学校の教育課程の展開に寄与するとともに児童生徒の健全な教養を育成することを目的としている。

○ 学校図書館は，児童生徒の読書活動や児童生徒への読書指導の場である「読書センター」としての機能と，児童生徒の学習活動を支援したり，授業の内容を豊かにしてその理解を深めたりする「学習センター」としての機能とともに，児童生徒や教職員の情報ニーズに対応したり，児童生徒の情報の収集・選択・活用能力を育成したりする「情報センター」としての機能を有している。

(2) 学校図書館の運営
○ 校長は，学校図書館の館長としての役割も担っており，校長のリーダーシップの下，学校経営方針の具現化に向けて，学校は学校種，規模，児童生徒や地域の特性なども踏まえ，学校図書館全体計画を策定するとともに，同計画等に基づき，教職員の連携の下，計画的・組織的に学校図書館の運営がなされるよう努めることが望ましい。例えば，教育委員会が校長を学校図書館の館長として指名することも有効である。

○ 学校は，必要に応じて，学校図書館に関する校内組織等を設けて，学校図書館の円滑な運営を図るよう努めることが望ましい。図書委員等の児童生徒が学校図書館の運営に主体的に関わることも有効である。

○ 学校図書館は，可能な限り児童生徒や教職員が最大限自由に利活用できるよう，また，一時的に学級になじめない子供の居場所となりうること等を踏まえ，児童生徒の登校時から下校時までの開館に努めることが望ましい。また，登校日等の土曜日や長期休業日等にも学校図書館を開館し，児童生徒に読書や学習の場を提供することも有効である。

○ 学校図書館は，学校図書館便りや学校のホームページ等を通じて，児童生徒，教職員や家庭，地域など学校内外に対して，学校図書館の広報活動に取り組むよう努めることが望ましい。

○ 学校図書館は，他の学校の学校図書館，公共図書館，博物館，公民館，地域社会等と密接に連携を図り，協力するよう努めることが望ましい。また，学校図書館支援センターが設置されている場合には同センターとも密接に連携を図り，支援を受けることが有効である。

(3) 学校図書館の利活用
○ 学校図書館は，児童生徒の興味・関心等に応じて，自発的・主体的に読書や学習を行う場であるとともに，読書等を介して創造的な活動を行う場である。このため，学校図書館は児童生徒が落ち着いて読書を行うことができる，安らぎのある環境や知的好奇心を醸成する開かれた学びの場としての環境を整えるよう努めることが望ましい。

○ 学校図書館は，児童生徒の学校内外での読書活動や学習活動，教職員の教育活動等を支援するため，図書等の館内・館外貸出しなど資料の提供を積極的に行うよう努めることが望ましい。また，学校図書館に所蔵していない必要な資料がある場合には，公共図書館や他の学校の学校図書館との相互貸借を行うよう努めることが望ましい。

○ 学校は，学習指導要領等を踏まえ，各教科等において，学校図書館の機能を計画的に利活用し，児童生徒の主体的・意欲的な学習活動や読書活動を充実するよう努めることが望ましい。その際，各教科等を横断的に捉え，学校図書館の利活用を基にした情報活用能力を学校全体として計画的かつ体系的に指導するよう努めることが望ましい。

○ 学校は，教育課程との関連を踏まえた学校図書館の利用指導・読書指導・情報活用に関する各種指導計画等に基づき，計画的・継続的に学校図書館の利活用が図られるよう努めることが望ましい。

○ 学校図書館は，教員の授業づくりや教材準備

に関する支援や資料相談への対応など教員の教育活動への支援を行うよう努めることが望ましい。

(4) 学校図書館に携わる教職員等

○ 学校図書館の運営に関わる主な教職員には，校長等の管理職，司書教諭や一般の教員（教諭等），学校司書等がおり，学校図書館がその機能を十分に発揮できるよう，各者がそれぞれの立場で求められている役割を果たした上で，互いに連携・協力し，組織的に取り組むよう努めることが望ましい。

○ 校長は，学校教育における学校図書館の積極的な利活用に関して学校経営方針・計画に盛り込み，その方針を教職員に対し明示するなど，学校図書館の運営・活用・評価に関してリーダーシップを強く発揮するよう努めることが望ましい。

○ 教員は，日々の授業等も含め，児童生徒の読書活動や学習活動等において学校図書館を積極的に活用して教育活動を充実するよう努めることが望ましい。

○ 学校図書館がその機能を十分に発揮するためには，司書教諭と学校司書※₁が，それぞれに求められる役割・職務に基づき，連携・協力を特に密にしつつ，協働して学校図書館の運営に当たるよう努めることが望ましい。具体的な職務分担については，各学校におけるそれぞれの配置状況等の実情や学校全体の校務のバランス等を考慮して柔軟に対応するよう努めることが望ましい。

○ 司書教諭は，学校図書館の専門的職務をつかさどり，学校図書館の運営に関する総括，学校経営方針・計画等に基づいた学校図書館を活用した教育活動の企画・実施，年間読書指導計画・年間情報活用指導計画の立案，学校図書館に関する業務の連絡調整等に従事するよう努めることが望ましい。また，司書教諭は，学校図書館を活用した授業を実践するとともに，学校図書館を活用した授業における教育指導法や情報活用能力の育成等について積極的に他の教員に助言するよう努めることが望ましい。

○ 学校司書は，学校図書館を運営していくために必要な専門的・技術的職務に従事するとともに，学校図書館を活用した授業やその他の教育活動を司書教諭や教員とともに進めるよう努めることが望ましい。具体的には，1 児童生徒や教員に対する「間接的支援」に関する職務，2 児童生徒や教員に対する「直接的支援」に関する職務，3 教育目標を達成するための「教育指導への支援」に関する職務という3つの観点に分けられる。

○ また，学校司書がその役割を果たすとともに，学校図書館の利活用が教育課程の展開に寄与するかたちで進むようにするためには，学校教職員の一員として，学校司書が職員会議や校内研修等に参加するなど，学校の教育活動全体の状況も把握した上で職務に当たることも有効である。

○ また，学校や地域の状況も踏まえ，学校司書の配置を進めつつ，地域のボランティアの方々の協力を得て，学校図書館の運営を行っていくことも有効である。特に特別支援学校の学校図書館においては，ボランティアの協力は重要な役割を果たしている。

(5) 学校図書館における図書館資料

1 図書館資料の種類

○ 学校図書館の図書館資料には，図書資料のほか，雑誌，新聞，視聴覚資料（CD，DVD等），電子資料（CD-ROM，ネットワーク情報資源（ネットワークを介して得られる情報コンテンツ）等），ファイル資料，パンフレット，自校独自の資料，模型等の図書以外の資料が含まれる。

○ 学校は，学校図書館が「読書センター」，「学習センター」，「情報センター」としての機能を発揮できるよう，学校図書館資料について，児童生徒の発達段階等を踏まえ，教育課程の展開に寄与するとともに，児童生徒の健全な教養の育成に資する資料構成と十分な資料規模を備えるよう努めることが望ましい。

○ 選挙権年齢の引下げ等に伴い，児童生徒が現実社会の諸課題について多面的・多角的に考察し，公正に判断する力等を身につけることが一層重要になっており，このような観点から，児童生徒の発達段階に応じて，新聞を教育に活用するために新聞の複数紙配備に努めることが望ましい。

○ 小学校英語を含め，とりわけ外国語教育においては特に音声等の教材に，理科等の他の教科においては動画等の教材に学習上の効果が見込まれることから，教育課程の展開に寄与するデジタル教材を図書館資料として充実するよう努めることが望ましい。

○ 発達障害を含む障害のある児童生徒や日本語能力に応じた支援を必要とする児童生徒の自立や社会参画に向けた主体的な取組を支援する観点から，児童生徒一人一人の教育的ニーズに応じた様々な形態の図書館資料を充実するよう努めることが望ましい。例えば，点字図書，音声図書，拡大文字図書，LLブック，マルチメディ

アデイジー図書，外国語による図書，読書補助具，拡大読書器，電子図書等の整備※2も有効である。

2　図書館資料の選定・提供

○　学校は，特色ある学校図書館づくりを推進するとともに，図書館資料の選定が適切に行われるよう，各学校において，明文化された選定の基準を定めるとともに，基準に沿った選定を組織的・計画的に行うよう努めることが望ましい。

○　図書館資料の選定等は学校の教育活動の一部として行われるものであり，基準に沿った図書選定を行うための校内組織を整備し，学校組織として選定等を行うよう努めることが望ましい。

○　学校は，図書館資料について，教育課程の展開に寄与するという観点から，文学（読み物）やマンガに過度に偏ることなく，自然科学や社会科学等の分野の図書館資料の割合を高めるなど，児童生徒及び教職員のニーズに応じた偏りのない調和のとれた蔵書構成となるよう選定に努めることが望ましい。

○　学校図書館は，必要に応じて，公共図書館や他の学校の学校図書館との相互貸借を行うとともに，インターネット等も活用して資料を収集・提供することも有効である。

3　図書館資料の整理・配架

○　学校は，図書館資料について，児童生徒及び教職員がこれを有効に利活用できるように原則として日本十進分類法（NDC）により整理し，開架式により，配架するよう努めることが望ましい。

○　図書館資料を整理し，利用者の利便性を高めるために，目録を整備し，蔵書のデータベース化を図り，貸出し・返却手続及び統計作業等を迅速に行えるよう努めることが望ましい。また，地域内の学校図書館において同一の蔵書管理システムを導入し，ネットワーク化を図ることも有効である。

○　館内の配架地図や館内のサイン，書架の見出しを設置するなど，児童生徒が自ら資料を探すことができるように配慮・工夫することや，季節や学習内容に応じた掲示・展示やコーナーの設置などにより，児童生徒の読書意欲の喚起，調べ学習や探究的な学習に資するように配慮・工夫するよう努めることが望ましい。また，学校図書館に，模型や実物，児童生徒の作品等の学習成果物を掲示・展示することも有効である。

○　学校図書館の充実が基本であるが，児童生徒が気軽に利活用できるよう，図書館資料の一部を学級文庫等に分散配架することも有効である。なお，分散配架した図書も学校図書館の図書館資料に含まれるものであり，学校図書館運営の一環として管理するよう努めることが望ましい。

4　書館資料の廃棄・更新

○　学校図書館には，刊行後時間の経過とともに誤った情報を記載していることが明白になった図書や，汚損や破損により修理が不可能となり利用できなくなった図書等が配架されている例もあるが，学校は，児童生徒にとって正しい情報や図書館資料に触れる環境整備の観点や読書衛生の観点から適切な廃棄・更新に努めることが望ましい。

○　図書館資料の廃棄と更新が適切に行われるよう，各学校等において，明文化された廃棄の基準を定めるとともに，基準に沿った廃棄・更新を組織的・計画的に行うよう努めることが望ましい。

○　廃棄と更新を進めるに当たって，貴重な資料が失われないようにするために，自校に関する資料や郷土資料など学校図書館での利用・保存が困難な貴重な資料については，公共図書館等に移管することも考えられる。

(6)　学校図書館の施設

○　文部科学省では，学校施設について，学校教育を進める上で必要な施設機能を確保するために，計画及び設計における留意事項を学校種ごとに「学校施設整備指針※3」として示している。この学校施設整備指針において，学校図書館の施設についても記述されており，学校図書館の施設については，学校施設整備指針に留意して整備・改善していくよう努めることが望ましい。

○　また，これからの学校図書館には，主体的・対話的で深い学び（アクティブ・ラーニングの視点からの学び）を効果的に進める基盤としての役割も期待されており，例えば，児童生徒がグループ別の調べ学習等において，課題の発見・解決に向けて必要な資料・情報の活用を通じた学習活動等を行うことができるよう，学校図書館の施設を整備・改善していくよう努めることが望ましい。

(7)　学校図書館の評価

○　学校図書館の運営の改善のため，PDCAサイクルの中で校長は学校図書館の館長として，学校図書館の評価を学校評価の一環として組織的に行い，評価結果に基づき，運営の改善を図るよう努めることが望ましい。

○　評価に当たっては，学校関係者評価の一環として外部の視点を取り入れるとともに，評価結果や評価結果を踏まえた改善の方向性等の公表に努めることが望ましい。また，コミュニティ・

スクールにおいては，評価に当たって学校運営協議会を活用することも考えられる。

○　評価は，図書館資料の状況（蔵書冊数，蔵書構成，更新状況等），学校図書館の利活用の状況（授業での活用状況，開館状況等），児童生徒の状況（利用状況，貸出冊数，読書に対する関心・意欲・態度，学力の状況等）等について行うよう努めることが望ましい。評価に当たっては，アウトプット（学校目線の成果）・アウトカム（児童生徒目線の成果）の観点※4から行うことが望ましいが，それらを支える学校図書館のインプット（施設・設備，予算，人員等）の観点にも十分配慮するよう努めることが望ましい。

※1　司書教諭と学校司書の職務や役割分担については，文部科学省調査研究協力者会議の「これからの学校図書館担当職員に求められる役割・職務及びその資質能力の向上方策等について」（報告）平成26年3月を参照。

※2　著作権法（昭和45年法律第48号）第37条第3項においては，一定の要件の下，障害のある者が利用するために必要な限度・方式により，公表された著作物の複製ができることとされている。当該規定の範囲内で，障害のある児童生徒のために，学校図書館等は，公表されている著作物をテキストスピーチ機能を備えた端末等により音読可能なデータに変換することが可能である。

※3　「小学校施設整備指針（平成28年3月版）」（抜粋）
第1章　総則
第2節　学校施設整備の課題への対応
第1　子供たちの主体的な活動を支援する施設整備
2　情報環境の充実
(1)　児童の主体的な活動及び自らの意志で学ぶことを支え，高度情報通信ネットワーク社会において生きる力を育てる教育環境の整備や，校務情報化の推進に資するため，校内の情報ネットワークの整備やコンピュータ，プロジェクタ等の情報機器の導入への対応について，積極的に計画することが重要である。
第2　安全でゆとりと潤いのある施設整備
5　施設のバリアフリー対応
(1)　障害のある児童，教職員等が安全かつ円滑に学校生活を送ることができるように，障害の状態や特性，ニーズに応じた計画とすることが重要である。その際，スロープ，手すり，便所，出入口，

エレベーター等の計画に配慮することが重要である。
第3章　平面計画
第2　学習関係諸室
8　図書室
(1)　利用する集団の規模等に対して十分な広さの空間を確保するとともに，各教科における学習活動等において効果的に活用することができるよう普通教室等からの利用のしやすさを考慮しつつ，児童の活動範囲の中心的な位置に計画することが重要である。
(2)　図書，コンピュータ，視聴覚教育メディアその他学習に必要な教材等を配備した学習・メディアセンターとして計画することも有効である。
(3)　学習・研究成果の展示のできる空間を計画することも有効である。
第4章　各室計画
第2　学習関係諸室
15　図書室
(1)　多様な学習活動に対応することができるよう面積，形状等を計画することが重要である。
(2)　1学級相当以上の机及び椅子を配置し，かつ，児童数等に応じた図書室用の家具等を利用しやすいよう配列することのできる面積，形状等とすることが重要である。
(3)　児童の様々な学習を支援する学習センター的な機能，必要な情報を収集・選択・活用し，その能力を育成する情報センター的な機能，学校における心のオアシスとなり，日々の生活の中で児童がくつろぎ，自発的に読書を楽しむ読書センター的な機能について計画することが重要である。
(4)　司書教諭，図書委員等が図書その他の資料の整理，修理等を行うための空間を確保することが望ましい。
(5)　資料の展示，掲示等のための設備を設けることのできる空間を確保することも有効である。
(6)　図書を分散して配置する場合は，役割分担を明確にし，相互の連携に十分留意して計画することが重要である。

※4　［評価項目の例］
（アウトプット）学校図書館を活用した授業の実施状況，学校図書館の開館状況，図書の貸出冊数等
（アウトカム）読書習慣の確立（不読率の低下，読書が好きな児童生徒の増加，学校図書館の利用者数）等

28 文科初第 1172 号
平成 28 年 11 月 29 日

文部科学省初等中等教育局長
藤原誠

学校図書館の整備充実について（通知）

　学校図書館は，学校図書館法において，学校教育において欠くことのできない基礎的な設備であり，学校の教育課程の展開に寄与するとともに，児童又は生徒の健全な教養を育成することを目的として設けられる学校の設備であるとされています。

　文部科学省では，学校図書館の運営に係る基本的な視点や学校司書の資格・養成等の在り方等について検討するため，「学校図書館の整備充実に関する調査研究協力者会議」を設置し，本年 10 月に「これからの学校図書館の整備充実について（報告）」（以下「本報告」という。）を取りまとめていただいたところです。

　このたび，本報告を踏まえ，文部科学省として，別添のとおり「学校図書館ガイドライン」及び「学校司書のモデルカリキュラム」を定めましたので，お知らせします。

　貴職におかれては，下記の事項に御留意いただくとともに，都道府県・指定都市教育委員会教育長にあっては所管の学校及び域内の市区町村教育委員会に対して，都道府県知事にあっては所轄の私立学校に対して，国立大学法人学長にあっては設置する附属学校に対して，株式会社立学校を認定した地方公共団体の長にあっては認可した学校に対して，本通知について周知を図るようお願いします。

記

1 「学校図書館ガイドライン」について
　「学校図書館ガイドライン」は，教育委員会や学校等にとって参考となるよう，学校図書館の運営上の重要な事項についてその望ましい在り方を示したものであること。本ガイドラインを参考に，学校図書館の整備充実を図ることが重要であること。
2　教育委員会等における取組
　(1)　学校が学校図書館の機能を十分に利活用できるよう支援し，学校図書館の充実に向けた施策を推進することが重要であること。特に，図書館資料の面では，学校図書館図書標準を達成していない学校への達成に向けた支援や，廃棄・更新についての支援等が重要であること。
　(2)　司書教諭については，学校図書館法における司書教諭の配置に関する規定に基づき，12 学級以上の学校に必ず司書教諭を配置することを徹底する必要 があること。加えて，司書教諭が学校図書館に関する業務により専念できるよう，校務分掌上の工夫に取り組むとともに，11 学級以下の学校における配置の推進にも積極的に取り組むことが重要であること。
　(3)　学校司書の配置については，職務が十分に果たせるよう，その充実に向けた取組とともに，学校司書の職務の内容が専門的知識及び技能を必要とするものであることから，継続的な勤務に基づく知識や経験の蓄積が求められることを踏まえ，一定の資質を備えた学校司書の配置やその支援を継続して行うことが重要であること。
　　また，「学校司書のモデルカリキュラム」は，学校司書が職務を遂行するに当たって，履修していることが望ましいものであり，教育委員会等においては，大学等における開講状況や学生等の履修状況等も踏まえつつ，将来的にモデルカリキュラムの履修者である学校司書を配置することが期待されること。
　(4)　司書教諭や学校司書を対象とした研修を実施するなど，その資質能力の向上を図ることが重要であること。研修内容等については，職務経験や能力に応じて研修内容の構成及び研修方法を工夫して設定することが重要であること。
3　学校における取組
　(1)　学校においては，校長のリーダーシップの下，学校図書館の適切な運営や利活用など学校図書館の充実に向けた取組を推進することが重要であること。
　　　特に，学習指導要領等を踏まえ，学校図書館の機能を計画的に利活用し，児童生徒の主体的・意欲的な学習活動や読書活動を充実することが重要であること。
　(2)　学校図書館を利活用した授業に関する校内研修を計画的に実施することが重要であること。その際，研修内容や研修方法の工夫を図ることが有効であること。
　(3)　学校図書館の運営の改善のため，PDCA サイクルの中で，読書活動など児童生徒の状況等を含め，学校図書館の評価を学校評価の一環として組織的に行い，評価結果に基づき，運営の改善を図ることが重要であること。

出典：文部科学省「学校図書館の整備充実について（通知）」　http://www.mext.go.jp/a_menu/shotou/dokusho/link/1380597.htm（参照 2020.12.08）

おわりに

　図書主任として初めて学校図書館に関わってから 30 年ほどたちました。この間に，学校図書館法の改正により司書教諭の発令と学校司書の配置が明記され，学校図書館ガイドラインが示されて，国全体の学校図書館に関する方針が良い方向に変わってきました。

　この 30 年間，どのような学校図書館がよいのか，何をすればよいのか，実践と研究を重ねてきました。筑波大学大学院では，2018 年に，博士論文として「公立小中学校図書館の整備に関する研究：教育委員会の施策を中心に」を執筆しました。

　この論文に取り組む中で，より良い教育をめざして学校図書館の整備を行い，活用を積極的に進める自治体がある一方，まだこれからという自治体もあることがわかりました。

　学校図書館が整備されているというのは，十分に蔵書冊数があり，蔵書のデータベース化が行われ，司書教諭と学校司書の研修があり，公共図書館を含む市内の学校図書館の連携体制が整っているというようなことです。子どもは自分で住む場所を決められませんから，学校図書館のこうした整備に差があるのは，不公平で困ったことです。

　さらに，積極的に学校図書館の整備と活用を進めている自治体について調査したところ，学校図書館を活用した授業を実践し，あるいは見学し，その教育的な効果をよく理解している先生が教育委員会の中でリーダーとなって推進しているという構図が明らかになりました。

　このことから，まずは，学校図書館を授業で活用することが必要だと考えるに至りました。そこで，これまでの実践を見直し，また，先進的に学校図書館での授業を行っている先生方にお願いして，授業例を参考にさせていただきました。あるいは，提案して実践していただき，1 冊にまとめることができました。

　本書を作成するにあたり，ご協力いただきました学校の校長先生，先生方，司書教諭，学校司書，教育委員会の方々に深く感謝申し上げます。構想から執筆する過程で，適切にアドバイスをしてくださいました黎明書房代表取締役・武馬久仁裕様，担当の都築康予様にも心から感謝申し上げます。どうもありがとうございました。

　本書に実践を紹介してくださった先生方は，「学校図書館を使う授業では，子どもたちが積極的になります。それを見るのがうれしいです」とおっしゃっていました。この本を参考にしていただき，多くの学校図書館で活発に授業が行われることを願ってやみません。

　　令和 2 年 11 月 15 日

渡 辺 暢 惠

索　引

著者紹介

渡辺暢恵

1959 年生まれ。東京学芸大学国語科卒業。小学校教諭在任中に図書主任。
退職後，学校司書として勤務した後，学校図書館アドバイザー，大学非常勤講師。
筑波大学大学院図書館情報メディア研究科にて博士号取得。

〈著書〉
『改訂版　子どもが生き生きする学校図書館づくり』
『子どもと一緒に進める学校図書館の活動と展示・掲示 12 ヵ月』
『子どもの読書力を育てる学校図書館活用法』
『いますぐ活用できる学校図書館づくり Q&A72』
『授業につなげる学校図書館の展示・掲示&指導案 12 ヵ月』以上，黎明書房
『豊かな人間性を育てる読書活動と図書館の活用』（分担執筆）明治図書
『実践できる司書教諭を養成するための学校図書館入門』ミネルヴァ書房
『先生と学校司書のためのすぐできるブックトーク』ミネルヴァ書房

●本文イラスト　さややん。

コピーして使える
小・中学校の授業を高める学校図書館活用法

2021 年 1 月 20 日　初版発行	著　者	渡　辺　暢　恵
2022 年 7 月 15 日　3 刷発行	発行者	武　馬　久　仁　裕
	印　刷	株式会社太洋社
	製　本	株式会社太洋社

発　行　所　　　株式会社　黎明書房

〒460-0002　名古屋市中区丸の内 3-6-27　EBS ビル　☎ 052-962-3045
FAX 052-951-9065　振替・00880-1-59001
〒101-0047　東京連絡所・千代田区内神田 1-4-9　松苗ビル 4 階
☎ 03-3268-3470

落丁本・乱丁本はお取替します。　　　　ISBN978-4-654-02343-1
© N. Watanabe 2021, Printed in Japan

渡辺暢恵著 **授業につなげる学校図書館の** **展示・掲示＆指導案 12 ヵ月** B5・140 頁（カラー 48 頁） 3000 円	コピーしてすぐ使える図書館壁面クイズ付き　小学校の学習や行事にそった学校図書館の展示テーマを月ごと、低・高学年別に設定し、その展示方法をカラーで紹介。授業ですぐ使える指導案も収録。
渡辺暢恵著 **改訂版　子どもが生き生きする** **学校図書館づくり** B5・142 頁 2500 円	子どもたちに読書のすばらしさを伝える学校図書館の作り方を、図書の購入・修理・配置、図書委員会の活動、コンピュータの活用法など、イラスト、図、写真を交えてわかりやすく解説。
渡辺暢恵著 **子どもと一緒に進める学校図書館の** **活動と展示・掲示 12 ヵ月** B5・106 頁（カラー口絵 4 頁） 2600 円	コピーしてできる資料と型紙付き　子どもたちの興味を引き出し、手に取る本の幅が広がるような学校図書館での本の紹介の仕方や掲示の工夫と 1 年間の具体的な活動を、月ごとに紹介。
渡辺暢恵著 **子どもとの読書力を育てる** **学校図書館活用法　1 年〜6 年** B5・118 頁 2200 円	コピーして使えるワークシート付き　ひとつのテーマにそった本を、クラス全員で読み進める「テーマのある読書の時間」の進め方を 1〜6 年の学年別に紹介。
多賀一郎著 **改訂版　一冊の本が学級を変える** ──クラス全員が成長する「本の教育」の進め方 A5・138 頁 2100 円	「読み聞かせ」のノウハウや、子どもを本好きにするレシピ、子どもの心を育む読書体験を約束する本の選び方などを紹介。改定にあたり「こんなときは、この本を！」のリストを差し替え。
多賀一郎著 **一冊の絵本が子どもを変える** ──こんなときには、こんな絵本を A5・126 頁 1900 円	子どもたちの生き方を変える、絵本の選び方や読み聞かせの仕方について詳述。学級指導に活かせる「こんなときには、こんな絵本を」や、季節ごとに絵本を紹介する「絵本歳時記」など。
中村健一編著 **新装版　子どもが大喜びで先生もうれしい！** **学校のはじめとおわりのネタ 108** A5・127 頁 1800 円	日本一のお笑い教師・中村健一先生の、1 年間、1 日、授業、6 年間の学校におけるはじめとおわりを充実させるとっておきの 108 のネタ。子どもたちを飽きさせない工夫がいっぱい！
三好真史著 **スキマ時間で大盛り上がり！** **楽しい教室クイズ 77** A5・94 頁 1600 円	シリーズ・教師のネタ 1000 ①／授業の合間に出来るスキマ時間に使えます。難しすぎず、簡単すぎない 77 の知的なクイズで、教室は大盛り上がり！　学級づくりにも役立つ、先生の心強い味方。
土作　彰著 **どの子も笑顔になれる** **学級づくり＆授業づくりのネタ 35** A5・93 頁 1600 円	シリーズ・教師のネタ 1000 ②／地図学習で「東西南北」を一発で覚えられるネタなど、子どもの信頼を勝ち取る、選りすぐりのネタを多数収録。 ※本シリーズは、ネタの合計が 1000 になったら完結です。

表示価格は本体価格です。別途消費税がかかります。

■ホームページでは、新刊案内など、小社刊行物の詳細な情報を提供しております。「総合目録」もダウンロードできます。
http://www.reimei-shobo.com/

JN069014